OHNE STANGENBOHNE FELDBOHNE ESELSBOHNE VEITSBOHN
E LAUFBOHNE STEIGBOHNE SPECKBOHNE GE
ÜHBOHNE MUNGOBOHNE SOJABOHNE KÄFE HN
BIZBOHNE WACHTELBOHNE PRUNKBOHNE FASE
E CANNELLINI BOHNE PINTOBOHNE BORLOTTIBOHNE KARATBOHN
WARZE AUGENBOHNE LABLABBOHNE JAVABOHNE URDBOHN

OHNE STANGENBOHNE FELDBOHNE ESELSBOHNE VEITSBOHN
E LAUFBOHNE STEIGBOHNE SPECKBOHNE EIERBOHNE KUGE
ÜHBOHNE MUNGOBOHNE SOJABOHNE KÄFERBOHNE SAUBOHN
BIZBOHNE WACHTELBOHNE PRUNKBOHNE KUHBOHNE FASE
E CANNELLINI BOHNE PINTOBOHNE BORLOTTIBOHNE KARATBOHN
WARZE AUGENBOHNE LABLABBOHNE JAVABOHNE URDBOHN

OHNE STANGENBOHNE FELDBOHNE ESELSBOHNE VEITSBOHN
E LAUFBOHNE STEIGBOHNE SPECKBOHNE EIERBOHNE KUGE
ÜHBOHNE MUNGOBOHNE SOJABOHNE KÄFERBOHNE SAUBOHN
BIZBOHNE WACHTELBOHNE PRUNKBOHNE KUHBOHNE FASE
E CANNELLINI BOHNE PINTOBOHNE BORLOTTIBOHNE KARATBOHN
WARZE AUGENBOHNE LABLABBOHNE JAVABOHNE URDBOHN
OHNE STANGENBOHNE FELDBOHNE ESELSBOHNE VEITSBOHN
E LAUFBOHNE STEIGBOHNE SPECKBOHNE EIERBOHNE KUGE
ÜHBOHNE MUNGOBOHNE SOJABOHNE KÄFERBOHNE SAUBOHN
BIZBOHNE WACHTELBOHNE PRUNKBOHNE KUHBOHNE FASE
E CANNELLINI BOHNE PINTOBOHNE BORLOTTIBOHNE KARATBOHN
WARZE AUGENBOHNE LABLABBOHNE JAVABOHNE URDBOHN

Helmreich • Barth **DAS BOHNENKOCHBUCH**

Helmreich • Barth

DAS BOHNENKOCHBUCH

Seifert Verlag

Quellennachweis

Fotos

Seite 10: Blühende Saubohne (vicia faba). Foto Manfred A. Fischer
Seite 27, 31: Großes Kegelgefäß aus Ton. Ältere Eisenzeit, 8./7. Jh. v. Chr.
Nach: »Bohnengeschichten«, Hallstatt 1992
Seite 28: Großer Kochlöffel aus Holz. Salzbergwerk Hallstatt, 8./7. Jh. v. Chr.
Foto Naturhistorisches Museum Wien, Prähistorische Abteilung
Seite 32: Großer Fülltopf, sog. Idra. Ägypten, 20. Jh.
Seite 70: Gassenverkauf von »Ful Medamis« im Kairo des Jahres 1992. Foto Petra Fischer

Die übrigen Fotos in diesem Buch stammen von Franziska Helmreich.

Texte

Seite 104: Textauszug aus »Artzneybuch Franckfurt 1606«, nach einem Exemplar in der Bibliothek des Instituts für Völkerkunde der Karl Franzens Universität Graz

1. Auflage

Umschlaggestaltung Franziska Helmreich
Logo Padhi Frieberger
Foto und Grafik Franziska Helmreich
Satz Michael Karner, www.typografie.co.at
Druck und Bindung Europrint, Pinkafeld
ISBN 3-902406-02-X
Printed in Austria

Inhalt

Vorrede 7
Express-Prolog 9
Absolut Bohne 11
Ordnung für den Bohnengarten 13
Das Prestige 16
Ein Bohnensortiment 17
Die Bohnen sind ohne Saisonen 20
Grundrezepte für Bohnen und Fisolen 21
Ritschert-Rezepte 27
Die Hauptnahrung der Althallstätter Bergleute 28
Ahnenkunde 31
Bohnenrezepte aus dem heutigen Ägypten, Griechenland und im heutigen Italien 33
Bohnerezepte bei den Etruskern und den Römern 38
Und in der neuen Welt 43
Volkskundliches zum Thema Bohne 44
Bäuerliche und bürgerliche Bohnenrezepte 45
Geflügeltes 46
Literarisches 57
Die Bohnen und die große weite Welt 60
Bohnensalate 63
Bohnensuppen 65
Bohnengemüse 79
Bohneneintöpfe 91
Süßes aus Bohnen 97
Bohnenwalzer 99
Medizin 101
Apropos Bohnen 107
Kleiner Bohnenknigge 111
Glossar 115
Liste der Konfidenten 116
Verwendete Literatur 117
Index nach Rezeptnamen 119
Index nach Rezeptkategorien 121

Vorrede

Vom Musealverein Hallstatt wurde eine Ausstellung »Bohnengeschichten« veranstaltet. Ausgehend von den Ergebnissen der archäologischen Forschungen der Prähistorischen Abteilung des Naturhistorischen Museums Wien im Salzbergwerk Hallstatt wurde versucht, diesem Grundnahrungsmittel in Zeiten der Not – für bestimmte Menschengruppen, in manchen Räumen und in vielen Perioden daher immer – nachzugehen. Es konnte eine Reihe namhafter Wissenschaftler zur Mitarbeit gewonnen werden. Ihre Beiträge wurden in einer kleinen Broschüre veröffentlicht, die im Verlag des Musealvereines Hallstatt erschienen ist. Diese Beiträge mussten für die Ausstellungstexte stark komprimiert und sprachlich überarbeitet werden. Nach dem kurzen Leben einer Ausstellung tat uns Leid um diese Arbeit und wir beschlossen, diese Texte in einer längerlebigen Form vorzulegen. Sie wurden kombiniert mit einem zweiten »Produkt« der Ausstellung, um das gleichfalls schade wäre: Im Zuge der Vorbereitungen wurden mehrere hundert Rezepte mit Bohnen gesammelt, von welchen letztendlich aber nur ganz wenige verwendet wurden. Die Ausstellungstexte und eine repräsentative Auswahl der Rezepte bilden den Kern des vorliegenden Büchleins.
Dieser Kern wurde auf Wunsch des Verlages ergänzt und erweitert, wofür Franziska Helmreich gewonnen werden konnte. Hinzugekommen sind weitere Essays zum Thema Bohne, Märchen, in denen Bohnen eine Rolle spielen, sowie Rezepte mit grünen Bohnen und Sojabohnen. Art und Erscheinungsbild des gesamten Buches wurden von Frau Helmreich bestimmt.

Fritz Eckart Barth,
im Winter 2004

Betrachtungsweisen aus diversen Perspektiven wie:

Agrarisch – ihr Anbau und ihre Nutzung

Botanisch – damit man weiß, wovon man spricht

Historisch – Paraphernalien aus Ägypten bis Rom

Kulinarisch – wie nachfolgende Rezepte zeigen werden

Literarisch – eine Ode an die Bohne

Medizinisch – von Bingen bis Breuss

Musikalisch – der Bohnenwalzer

Nutritiv – unbekanntes Traditionelles

EXPRESS-PROLOG

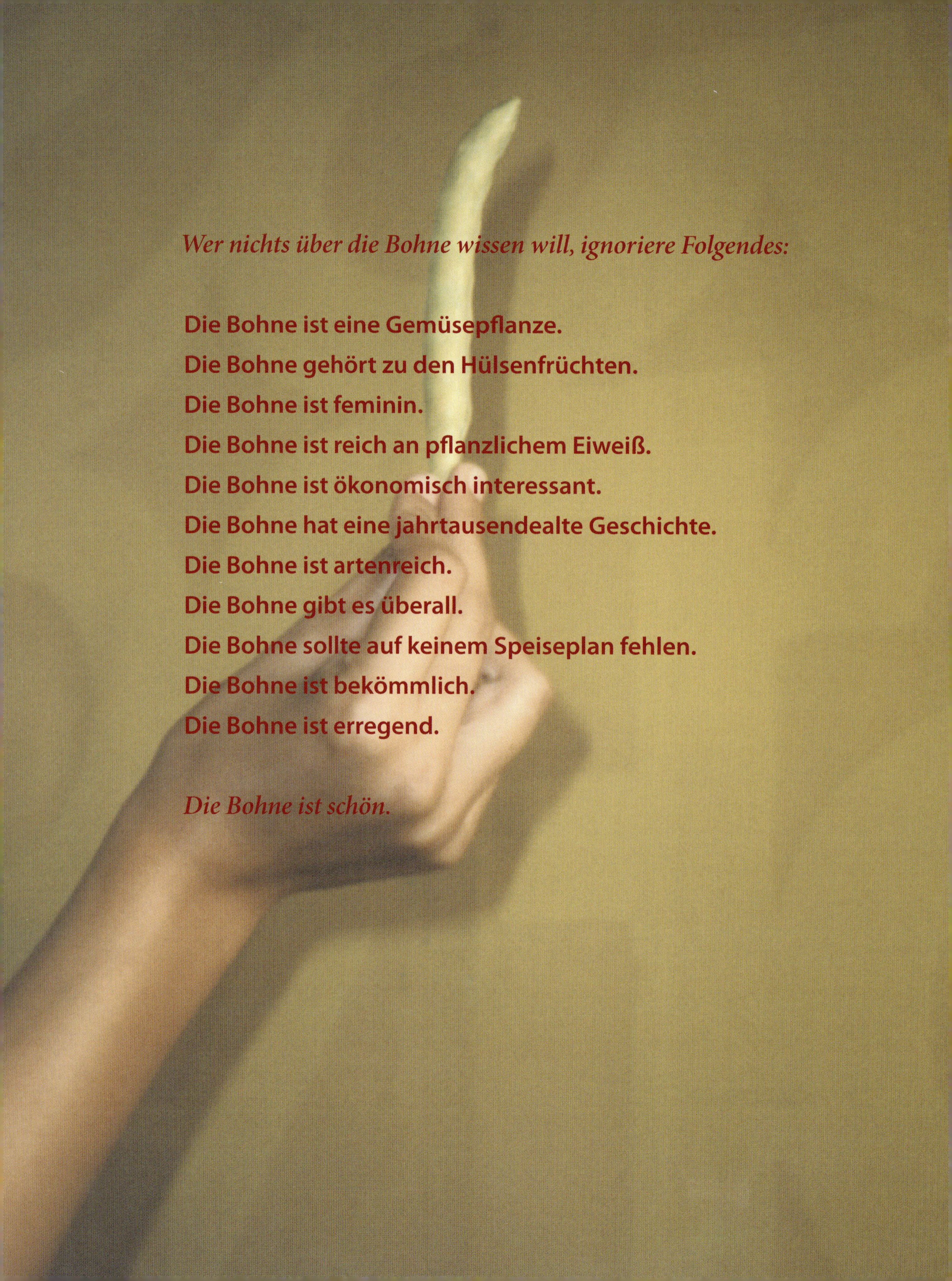

Wer nichts über die Bohne wissen will, ignoriere Folgendes:

Die Bohne ist eine Gemüsepflanze.
Die Bohne gehört zu den Hülsenfrüchten.
Die Bohne ist feminin.
Die Bohne ist reich an pflanzlichem Eiweiß.
Die Bohne ist ökonomisch interessant.
Die Bohne hat eine jahrtausendealte Geschichte.
Die Bohne ist artenreich.
Die Bohne gibt es überall.
Die Bohne sollte auf keinem Speiseplan fehlen.
Die Bohne ist bekömmlich.
Die Bohne ist erregend.

Die Bohne ist schön.

ABSOLUT BOHNE

Mit derselben Gewissheit, mit der wir sagen können, dass Fleisch ein Proteinlieferant ist, behaupten wir, dass die Bohne per se der absolute Proteinspender ist und wir ihr Ansehen heben wollen. Wir sind überzeugt, dass die Bohne zu neuer Attraktivität kommen wird.

Ein Zitat über die Bohne von Rolf Schwendter lautet:
»… gilt für sie Vergleichbares wie für den Hering: Wären die Köstlichkeiten knapp und entsprechend teuer zu bezahlen, so würde erst ihr wahrer Wert voraussichtlich in den Vordergrund treten.«

Ein Anagramm ist ohben. So wollen wir auch die Bohnen dort hinführen … Die Bohne ist durch ihre Form klar von allen anderen Dingen, essbar oder nicht, zu unterscheiden. Mag es noch so viele Varianten geben:

Eine Bohne bleibt eine Bohne.

Höchst arrogant schauen wir auf die Bohnen herab, aber jetzt wollen wir die Bohne nicht umgehen.

Ordnung für den Bohnengarten

Genau genommen ist das Einzige, was allen Bohnen gemeinsam ist, ihre Form, auch wenn diese noch so vielfältig ist. Jedermann verbindet damit eine bestimmte Vorstellung, und es ist müßig, sie zu umschreiben. Der Bogen spannt sich von der Bohne schlechthin über die Kaffeebohne, den Kern der Kaffeekirsche, bis zu den »blauen Bohnen«, worunter kleinkalibrige Geschosse verstanden werden. Aber auch die »Bohne schlechthin« ist vielfältig.
Alle gehören zwar zur Familie der Schmetterlingsblütler (Fabaceae oder Papilionaceae) aus der Ordnung der Hülsenfrüchtler (Leguminosen oder Fabales), auf der Stufe der Gattungen aber scheiden sich die Geister. Vicia (Wicke) und Phaseolus (Gartenbohne) haben in Geschichte und Gegenwart für unseren europäischen Lebensraum die größte Bedeutung. In neuerer Zeit sind auch noch die Sojabohnen (Glycine max) dazugekommen.

Vicia: Wicke

Die Wicke (Vicia) zählt über 120 Arten. Sie kann ein- bis mehrjährig sein, klettert gerne hoch, hat paarig gefiederte Blätter, liebt gemäßigtes Klima und ist in der nördlichen Hemisphäre zu Haus.
Die für die menschliche Ernährung einzige wichtige Art dieser Gattung (andere sind Futterpflanzen) ist die Vicia faba, für die es je nach Form, Verwendung und Art der Aussaat eine ganze Reihe deutscher Bezeichnungen gibt: Saubohne, Dicke Bohne, Große Bohne, Puffbohne, Pferdebohne, Ackerbohne, Feldbohne. Bei all den genannten Sorten handelt es sich um solche der altweltlichen Bohne, die also eigentlich ein Samenkorn der Wicke ist. Diese wurde bereits vor über 8.000 Jahren in Syrien/Palästina kultiviert, breitete sich im Laufe der Zeit immer weiter nach Norden und Westen aus und ist mit Ende der Bronzezeit in ganz Mittel- und Nordeuropa heimisch. Dabei handelt es sich aber immer um eine kleinsamige Form. Großsamige Formen sind erst um 1.000 n. Chr., in der frühen islamischen Zeit des östlichen Irak, nachgewiesen und nicht vor dem frühen Mittelalter allgemein verbreitet. Ziemlich nahe verwandt mit der Gattung Vicia sind übrigens Erbse, Linse und Kichererbse.

Die Saubohne

ist einjährig und wächst aufrecht mit unverzweigten, kahlen, vierkantigen, bis zu einem Zentimeter dicken Stängeln. Sie erreicht eine Höhe von bis zu einem Meter. Die fleischigen, graugrünen Blätter sind wechselseitig angeordnet und paarig gefiedert, ohne Ranke, aber mit grannenartiger Spitze. Die stark duftenden Blüten haben eine charakteristische Form und stehen an kurzen Stielen in den Blattachsen. Sie sind weiß mit schwarzen Flecken. Die gedrungenen Hülsen sind 8–12 Zentimeter lang und stehen aufrecht oder hängen. Sie enthalten 3–7 rundlich ovale bis abgeflachte Samen.

Phaseolus: Bohne

Was die Römer unter dem lateinischen Wort »phaseolus« verstanden, ist unklar: entweder die Kuhbohne (Vigna unguicularis), die aus dem tropischen Afrika stammt, oder eine Dolichosart, d. h. eine »Langbohne«, die aus den tropischen Gebieten der Alten Welt nach Südeuropa eingeführt worden war, aber nie große Bedeutung erlangt hatte. Heute umschreibt die botanische Bezeichnung »Phaseolus« eine Gattung der Schmetterlingsblütler mit etwa 200 Arten, von denen einige wichtige Kulturpflanzen geworden sind. Sie stammen aus der Neuen Welt, wo sie gleichfalls schon in urgeschichtlicher Zeit kultiviert wurden, und kamen erst nach der Entdeckung Amerikas vor 500 Jahren nach Europa. Heute ist für uns vor allem die Gartenbohne (Phaseolus vulgaris) von Bedeutung, die in einer niedrigen Form (Buschbohne) und einer windenden Form (Stangenbohne) gezüchtet wird. Von beiden gibt es zahllose Sorten mit verschiedenfarbigen Blüten, verschiedenfarbigen und verschieden geformten Samen und den unterschiedlichsten Hülsenformen. Alle stammen wahrscheinlich von einer windenden Wildform ab, die heute noch in den Anden Südamerikas anzutreffen ist (Phaseolus vulgaris subsp. aborigineus).

Die Phaseolus vulgaris ist eine einjährige Planze und wird als Buschbohne 20–60 Zentimeter hoch, Stangenbohnen können bis zu 4 Meter hoch wachsen. Die Blätter bestehen aus einem langen Stiel und drei über 5 Zentimeter langen, breit eiförmigen Blättchen, die einen glatten Rand haben und fein behaart sind. Die Blütenstände stehen in bestimmten Blattachsen und tragen 2–10 Blüten. Die geraden oder gebogenen, meist glatten Hülsen sind 4–30 Zentimeter lang und 1–3 Zentimeter breit und enthalten 1–9 Samenkörner. Sie sind einfarbig grün bis gelb, aber auch violett bis schwarz. Die Samen sind von sehr unterschiedlicher Form, Größe und Farbe.

Die Phaseolus vulgaris heißt auch Veits-, Schmink-, Bitsbohne und Fasohle oder aber nach der Rasse: Buschbohne, Gemeine Stangenbohne, Lauf-, Steig-, Speck-, Eier-, Kugel-, Perl-, Neger-, Zwerg-, Zucker-, Frühbohne …

Glycine max: Sojabohne

Die Sojabohne gehört gleichfalls zu den Schmetterlingsblütlern und stammt aus Ostasien. Die einjährige Pflanze wird seit 5000 Jahren in China verwendet, wurde aber erst seit dem 17. Jahrhundert auf andere Gebiete verbreitet. Seit dem 20. Jahrhundert ist sie auch in Europa und Amerika heimisch und beliebt.

Für die menschliche Ernährung sind die frischen, grünen Schoten, die getrockneten Körner und verschiedene Eiweißprodukte, z. B. Tofu und Sojasauce, von Bedeutung. Soja ist eine ein-

jährige krautige Pflanze mit dreizählig gefiederten Blättern, die behaart sind. Sie wird bis zu 180 Zentimeter hoch, die Hülsen sind 3–6 Zentimeter lang und stehen zu mehreren in einer Traube zusammen. Jede Hülse enthält 1–5 Samenkörner, die kugelig, flach, gewölbt oder ei- bis nierenförmig sind. Sie können gelblich-grün, braun-schwarz, aber auch mehrfarbig sein. Es gibt heute eine Vielzahl von Sorten.
In den letzten Jahren ist besonders die Sojabohne so wie der Mais durch Genmanipulation ins Gerede gekommen.

Weitere Bohnenarten sind:

Phaseolus coccineus
Zu diesen gehören die Feuerbohne und die Prunkbohne. Sie haben leuchtend rote Blüten, und ihre Samen sind purpurn marmoriert.

Phaseolus lunatus
Mondbohne, Limabohne, Duffinbohne, Javabohne, Madagaskarbohne, Kapbohne. Sie haben weiße oder bunte halbmondförmige Samen.

Phaseolus mungo
Mungobohne, Urdbohne und Linsenbohne. Sie wird seit Jahrtausenden in Indien, China und Japan angebaut und wächst bis zu einer Seehöhe von 2.400 Metern.

Vigna unguiculata
Augenbohnen, Afrikanische Kuhbohnen, Kuherbsen und Langbohnen.

Dolichos lablab
Helm-, Fasel- und Lablabbohne. Sie haben einen hohen Wärmeanspruch.

Lupine
auch Wolfsbohne genannt, enthalten keine Alkaloide und werden wegen ihrer schnellen Zubereitungsmöglichkeit in Italien geschätzt.

Das Prestige einer Speise bemisst sich nicht
nach ihrem Wohlgeschmack –
eher nach ihrer Rarität
oder
Wir verhelfen Armenspeisen
zu einer neuen Karriere

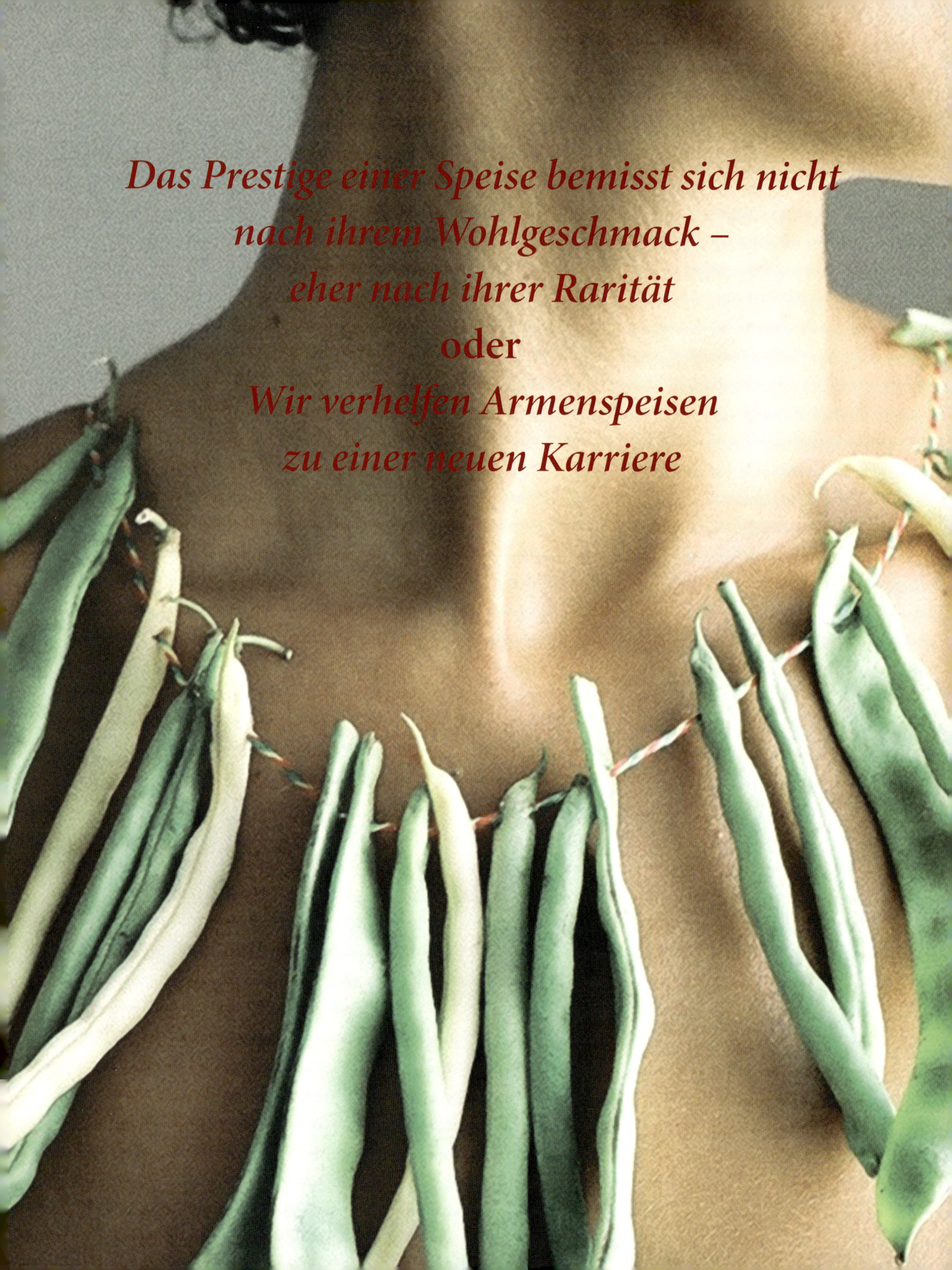

Ein Bohnensortiment

Fisolen, grüne Bohnen, und **gelbe Wachsbohnen, Prinzessbohnen,** sind die unreifen Früchte der *Faseolus vulgaris*. Es gibt sie mit Faden oder fadenlos. Sie sind ca. 4–13 Zentimeter lang und werden zumeist frisch, kurz gekocht oder gedünstet, warm oder kalt gegessen. Sind die Samen ausgereift, werden sie ausgespalt und gleich verzehrt oder getrocknet.

Ackerbohne, Kleine Ackerbohne, Gemeine Feldbohne, Pferdebohne, Eselsbohne, Saubohne sind kleine Samen, rundlich bis elliptisch, an beiden Enden gleich dick. Die Samen werden frisch oder getrocknet verwendet, die Hülsen werden nicht gegessen.

Große Ackerbohne oder **Pferdebohne** ist 15–20 Millimeter lang und bräunlich. Die Hülsen sind 60–100 Millimeter lang. Sie werden zumeist als Kraftfutter verwendet.

Dicke Bohne, Große Bohne oder **Puffbohne** sind oval mit deutlich abgeflachten oder eingefallenen Seitenflächen. Die Farbe ist grünlich bis weißgelb und wird im Alter dunkler. Die Hülsen sind 40–140 Millimeter lang. Zumeist wird im unreifen Zustand geerntet, und die ausgelösten Kerne werden als Frischgemüse gegessen. Getrocknete Samen sind als Suppeneinlage, in Eintöpfen und als Püree oder Mus hervorragend und wohlschmeckend.

Weiße Bohnen gibt es eine Vielzahl unterschiedlicher Formen. Der Geschmack ist wenig ausgeprägt, und daher eignen sie sich gut für Eintöpfe und Suppen. Ein Beispiel ist die Cannellinibohne aus Italien, die für die Minestrone verwendet wird.

Große weiße Bohnen sind cremefarbene, flache Schminkbohnen und Bestandteil klassischer Eintopfgerichte wie »Boston Baked Beans« oder »Cassoulet«.

Schwarze Bohnen sind gleichfalls eine Abart der Schminkbohnen. Ihre Samen sind nierenförmig und haben eine schwarz glänzende Schale. Sie werden am häufigsten in Mittel- und Südamerika verzehrt und sind als »feijonada completa« das Nationalgericht Brasiliens. Fausto Kutka Martins, ein stolzer Brasilianer, erklärte, dass die Brasilianer nur deshalb so schön, wendig und fantastisch Fußball spielten, weil sie täglich Bohnen essen. Dazu Frau Kuhn: »Die berühmte Feijoada wird zweimal in der Woche gegessen. Am Mittwoch mit den Kollegen und samstags ausschließlich im Kreis der Familie, serviert wie ein Bufett.«

Flageoletbohnen, auch **Krüllbohnen,** werden aus den Hülsen genommen und zumeist getrocknet verwendet. Sie sind länglich, blassgrün und haben hervorragende Kocheigenschaften.

Spargel-, Spaghetti- oder **Langbohnen** sind bis zu 30 Zentimeter lang. Sie schmecken leicht nach Spargel und werden kurz gedämpft. Die Samen kann man getrocknet wie jede andere Hülsenfrucht verwenden.

Augenbohnen, auch **Kuhbohnen** oder **Chinesische Bohnen** genannt, sind elfenbeinfarbig, nierenförmig und haben ein gelbes oder schwarzes Auge. Sie besitzen einen angenehm nussigen Geschmack und werden in den amerikanischen Südstaaten bevorzugt verwendet. In China werden sie geröstet, in Afrika frittiert.

Lablabbohnen, auch **Helm-, Fasel-, Hyazinthen-, Seimbohnen** oder **ägyptische Bohnen** erkennt man an ihrem hervorstehenden Hillus. Sie werden wie alle anderen Sorten verwendet, sind reich an Zink und man verarbeitet sie auch oft zu Mehl. Sie enthalten toxische Proteine und Blausäure und sind deshalb erst nach längerem Kochen genießbar.

Strauchbohnen, auch **Katjangbohnen, Traubenerbsen** oder **Kongoerbsen,** wachsen auf bis zu 3 Meter hohen Sträuchern in Afrika, Südamerika und Indien. Sie sind erbsenähnlich, hellbraun bis schwarzviolett, manchmal gesprenkelt und werden als Gemüse gegessen oder zu Mehl vermahlen und zu Kuchen verarbeitet.

Feuerbohnen, Türkische Bohnen oder **Prunkbohnen** haben größere, schön gefleckte rot-rosa-braun gefärbte Samen. Sehr gut geeignet als Salat.

Limabohnen, auch **Mond-, Duffin-, Sieva-, Kratoko-** oder **Kapbohnenbohnen** stammen ursprünglich aus Peru. Sie sind weiß bis cremefarben und in zwei Größen vorhanden, ballaststoffreich und schnell gegart. Sie werden oft anstelle von Kartoffeln als Zuspeise gereicht. Beim Zerkleinern wird Blausäure freigesetzt, weshalb sie roh ungenießbar sind und das Kochwasser mehrmals gewechselt werden muss.

Adzukibohnen haben eliptische bis runde, dunkelrote, aber auch schwarze Samen. Es ist die ballaststoffreichste Bohne, die auch als Kaffee-Ersatz dient. Sie ist vor allem in Japan verbreitet und wird, zu Mehl vermahlen, für Teige, Suppen, Kuchen und Reisgerichte verwendet.

Wachtelbohne oder **Pintobohnen** sind beige mit kleinen Flecken. Sie werden beim Kochen oft rosa.

Borlotti- oder **Saligiabohnen,** die italienischen Lieblingsbohnen, haben mittelgroße, rötlich oder rot gefleckte Samen, werden beim Kochen leicht grünlich und zu Salat, Beilage oder Eintopf verarbeitet.

Rote Bohnen oder **Kidney-Bohnen** sind am besten für Schmorgerichte geeignet. Sie sind nierenförmig, rosa bis dunkelbraun und haben einen hohen Ballaststoffanteil. Gekocht haben sie eine mehlige Konsistenz und sind wichtigste Zutat des »Chili con carne«.

Mungobohnen sind klein, eher rundlich und olivgrün. Sie haben einen hohen Vitamingehalt, verursachen keine Blähungen und sind auch zum Keimen hervorragend geeignet.

Urdbohnen sind den Mungbohnen sehr ähnlich, graugrün bis schwarz. Sie sind im Iran, in Indien, Malaysia, Japan und Afrika verbreitet und Hauptbestandteil des Dhal, einer Art Grütze.

Römische Bohnen haben eine beige-braune Farbe mit dunkleren Flecken.

Sojabohnen sind gelb und gedrungen und hervorragend zum Keimen geeignet. Im Handel findet man sie als vielerlei Fertigprodukte.

Bistecca de contadino – »Fleisch der Bauern«

wird die Bohne noch heute in Italien genannt. Besonders für ärmere Bevölkerungsgruppen oder in Krisenzeiten haben Bohnen oft das Überleben gesichert. Einige werden sich vielleicht noch an die Hungerjahre während und nach dem Zweiten Weltkrieg erinnern, als Hülsenfrüchte praktisch das einzige erreichbare Protein darstellten, weil Fleisch so gut wie gar nicht vorhanden war. In vielen Gebieten unserer Welt, besonders in der so genannten Dritten Welt, ist das bis heute so geblieben.

1850 hat man pro Kopf noch ca. 20 Kilogramm Hülsenfrüchte per anno verzehrt, angeblich ist der Verbrauch pro Kopf im Jahr 1975 auf 0,9 Kilogramm gesunken.

Selten hat sich ein Meisterkoch der Bohne angenommen, man kann die wenigen Rezepte aus den modernen Kochbüchern ersehen. Die einzige Bohne, die es geschafft hat, auch in teuren Restaurants serviert zu werden, ist die Gartenbohne oder Haricots verts.

Die lange grüne Bohne – bei uns als Stringbean oder auch Spaghettibohne bekannt – ist eine asiatische Verwandte, die es in über 40 verschiedenen Arten, Farben und Kreuzungen gibt. Man findet sie in China- und Thairestaurants, frisch und knackig und keinesfalls weich und verkocht.

Die Käferbohne eroberte sich zumindest in Österreich einen gewissen Standard, da ihre Zubereitung mit aufwendig gepresstem Kürbiskernöl und Zwiebeln zu einer Spezialität avancierte.

Auch die Sojabohne erfreut sich großer Beliebtheit, besonders deshalb, weil ihr Eiweiß im Aufbau ähnlich dem Milcheiweiß ist, praktisch keine Stärke, dafür aber viele Enzyme enthält, welche die Verdauung fördern. Das berühmteste Extrakt aus dieser Bohne, fermentiert mit Salz, ist die »Soyasauce«. Tofu (Sojabohnenkäse) wird aus gekochten und gepressten Sojabohnen hergestellt, denen ein Gerinnungsmittel beigefügt wird. Er ist besonders reich an Eisen.

Für die Landwirtschaft bringt der Anbau von Hülsenfrüchtlern noch einen weiteren Nutzen. Die Pflanzen haben die Eigenschaft, in an den Wurzeln angesiedelten Knöllchenbakterien, mit denen sie in Symbiose leben, Stickstoff aus der Luft anzureichern. Da sie nicht allen Stickstoff für die Bildung der Samen verbrauchen, geben sie ihn beim Verrotten an den Boden ab. Gründüngung mit Hülsenfrüchten ist daher besonders erfolgreich und wird seit der Antike praktiziert.

Die Bohnen sind ohne Saisonen.

Die Bohne hat keine Jahreszeit, man kann sie immer verspeisen.
Ob reif, ob unreif, ob jung, ob alt, ob grün, ob weiß oder braun, scheckig oder rot.
Bohnenkerne sind vielfältig zu verwenden, frisch – roh gleich aus der Schale gegessen – oder getrocknet, dann gedünstet, gebraten, gekocht, gedämpft, gesotten oder überbacken.
Beim Einkauf von getrockneten Bohnen beachte man ihre Prallheit und Festigkeit. Verzichten Sie auf den Kauf von blassen oder verschrumpelten Bohnen, diese liegen schon zu lange auf Lager, sind kaum zu kochen und platzen schon, bevor sie gar sind. Fisolen, also die Bohnen mitsamt der Schote, sollen knackig aussehen, kleine Kerne und keine Flecken haben.

Auf die Größe kommt es nicht an.

Die getrocknete Bohne verlangt nach Rehydration. Das bei der Trocknung entzogene Wasser muss refundiert werden. Das wird am besten durch stundenlanges Einweichen erreicht. Als Kampf gegen den Verderb sind Trocknen, Einfrieren und Erhitzen Möglichkeiten. Kochen macht Parasiten und Bakterien bekanntlich den Garaus. Die wohlfeilen und praktischen Bohnen in der Dose sind dadurch haltbar gemacht.

Trocknen – die Methode, die seit Jahrtausenden praktiziert wird. Sie halten etwa ein Jahr, wenn sie in einem hermetisch verschlossenen Behälter sind.
Einfrieren – eine Methode, die vorwiegend bei Fisolen angewendet wird. Gegarte Bohnenkerne halten im Kühlschrank vier Tage, im Tiefkühlfach drei Monate.

GRUNDREZEPTE

Die Hülsenfrüchte im Allgemeinen und die Bohnen im Besonderen, seien es nun *Vicia-faba*-Bohnen oder *Phaseolus*-Bohnen, spielen eine bedeutende Rolle in der Ernährung der Menschen. Bohnen sind neben Fleisch und Fisch der wichtigste Eiweißlieferant.

100 Gramm getrockneter weißer Bohnenkerne haben immerhin 1472 Kilojoul.

Sie enthalten 21,3 g Eiweiß und 57,6 g Kohlehydrate, sehr viel Kalzium und Phosphor sowie die Vitamine A, B1, B2, C und Niazin. Außerdem sind sie reich an Ballaststoffen, was sie schwer verdaulich macht und Blähungen verursacht.

Grundrezepte für Bohnen

Suppe

300 g Bohnen
½ Zwiebel
1 EL Schweineschmalz oder Abschöpffett
1½ EL glattes Mehl
Salz, Essig, Pfeffer
Knoblauch, geröstete Semmelwürfel nach Geschmack

Die gekochten Bohnen mit dem Kochwasser heiß passieren, mit einer Zwiebel-Einbrenn binden, salzen, mit einem Schuss Essig abschmecken und eventuell mit etwas zerkleinertem Knoblauch oder Pfeffer würzen und geröstete Semmelwürfel als Einlage geben.

Gemüse

1 Zwiebel
80 g Fett oder Butter
40 g Mehl
400 g weiße, gekochte Bohnen
Salz, 2 EL Essig
Petersilie

Die fein gehackte Zwiebel im Fett anschwitzen, mit dem Mehl eine Einbrenn zubereiten und die gekochten Bohnen mit einem Teil des Kochwassers leicht binden. Mit Salz und einem Schuss Essig abschmecken, mit Petersilie verfeinern. Schmeckt sehr gut auch auf provençalische Art mit Knoblauch und Sardellen.

Püree

300 g weiße Bohnen
2–3 gekochte Kartoffeln
80 g Butter
⅛ l Obers oder Milch
Salz, Zucker

Die gekochten Bohnen werden mit einigen gekochten Kartoffeln heiß passiert und mit Butter und Obers glatt gerührt. Mit Salz und einer Prise Zucker abschmecken.

Salat

200 g weiße Bohnen
Essig, Öl, Zucker, Salz
gehackte Zwiebeln oder gepresster Knoblauch
geriebener Kren

Die gekochten Bohnen kalt abspülen und mit Essig, Öl, Zucker und Salz mischen und je nach Geschmack Zwiebeln oder Knoblauch hinzufügen. Mit geriebenem Kren bestreuen.

Soße

300 g Bohnen
Essig, 3 EL Öl, Zucker, Salz
Petersilie, Schnittlauch
1 kleine Zwiebel
Worcestersauce
Pfeffer, Paprika

Eine der klassischen Wiener Beilagen zu gekochtem Rindfleisch ist die Bohnensoße. Die gekochten Bohnen werden heiß passiert und mit Essig, Öl, Zucker und Salz, den frischen Kräutern und der fein gehackten Zwiebel glatt gerührt, nach Belieben Worcestersauce, Pfeffer und Paprika hinzufügen. Kalt servieren.

Grundrezepte für Fisolen

Speckbohnen

500 g Fisolen
200 g Hamburger- oder Frühstückspeck in dünnen Scheiben

Nicht zu große grüne Bohnen werden im Ganzen gekocht, mit dem ausgelassenen Fett vermischt. Geröstete Speckwürfel hinzufügen. Besonders attraktiv – zum Beispiel als klassische Beilage zu Steaks – sind kleine, mit dünnen Speckscheiben umwickelte Bündel gekochter Bohnen, die kurz angebraten werden.

Eingebrannte Fisolen *(für 6 Personen)*

1 kg Fisolen
1 Zweig Bohnenkraut
1 kleine Zwiebel
30 g Butter
30 g Mehl
2 dl Rindsuppe
Essig, Salz, Pfeffer
Petersilie oder Dille

Fisolen in kleine, etwa 0,5 Zentimeter lange Stücke schneiden und mit Bohnenkraut kochen. Die fein gehackte Zwiebel in der Butter anschwitzen, dann das Mehl dazugeben und die nicht zu helle Einbrenn mit Rindsuppe aufgießen, dabei nur wenig Kochwasser verwenden. Mit etwas Essig, Salz und Pfeffer abrunden, je nach Geschmack mit Petersilie oder Dille würzen, Fisolen untermischen. Dazu passen Erdäpfelschmarren und gekochtes Rindfleisch oder gebratene Wurst.

Fisolen mit Butterbröseln *(für 6 Personen)*

1 kg Fisolen
125 g Butter
Semmelbrösel

Die Bohnen werden im Ganzen gekocht und vor dem Servieren mit reichlich in Butter gerösteten Semmelbröseln bestreut.

Rahmfisolen *(für 6 Personen)*

1 kg Fisolen, in Rauten geschnitten
20 g Butter
20 g Mehl
2 dl Rindsuppe
Essig, Salz, Pfeffer
1 EL gehackte Dillspitzen
¼ l Sauerrahm

Fisolen kochen und aus der Butter und dem Mehl eine nicht zu helle Einbrenn herstellen, mit Rindsuppe aufgießen, die Bohnen dazugeben und gut durchkochen. Mit Essig, Salz, Pfeffer und Dillspitzen abschmecken und zuletzt den Rahm unterrühren. Dazu passen Erdäpfelschmarren und gekochtes Rindfleisch oder gebratene Augsburger und Knackwurst.

Fisolensalat

600 g Fisolen
etwas Wasser, 4 EL Essig, 8 EL Öl
Salz, Pfeffer, Zucker nach Geschmack
50 g Zwiebel

Die Fisolen im Ganzen oder beliebig geschnitten kochen, kalt abschrecken und mit einer Marinade aus Wasser, Essig, Öl, Zucker, Salz und Pfeffer vermischen. Ungefähr drei Stunden rasten lassen. Nach Belieben frisch geschnittene Zwiebelringe hinzufügen und servieren.

RITSCHERT-REZEPTE

Die Hauptnahrung der Althallstätter Bergleute

Das Salzbergwerk Hallstatt ist das älteste Salzbergwerk der Welt. Schon um die letzte vorchristliche Jahrtausendwende hat man dort begonnen, das »weiße Gold« bergmännisch abzubauen. Die »Heidengebirge« genannten Spuren dieser frühen Tätigkeit sind seit langem Gegenstand archäologischen Interesses. Eine der Besonderheiten der Lagerungsbedingungen in einem Salzbergwerk ist, dass auch Dinge aus organischer Substanz durch die Jahrtausende erhalten bleiben. Dadurch erhält der Archäologe die Möglichkeit, Antworten auf Fragen zu finden, die er sonst nicht einmal zu stellen wagt. Zu den häufigen Funden, wie abgebrannten Kienspänen oder gebrochenen Schäftungen, gehören auch fladenartige Konzentrationen von Getreidespelzen mit Fruchtschalen und Körnern. Die paläobotanische Untersuchung erkannte in den Resten Gerste, Hirse und Saubohne und kam zu dem Schluss, dass es sich um schlecht verdaute Nahrungsmittel handelte. Die Vermutung, dass die Exkremente menschliche waren, wurde durch den Nachweis von Darmparasiten bestätigt: Eier von Spul- und Peitschenwurm fanden sich in großer Zahl. Die Wurm-Infektion konnte keinesfalls in der Grube erfolgt sein, weil die Eier einen mehrwöchigen Reifungsprozess bei Feuchtigkeit und Wärme durchlaufen müssen, der bei den unter Tage herrschenden Kellertemperaturen nicht ablaufen konnte.

Die Zusammensetzung der Exkremente ermöglichte Forschern gewisse Rückschlüsse auf die Ernährung, wobei vollständig verdaute Ingredienzien wie Kräuter, Blätter oder Wurzeln natürlich unberücksichtigt bleiben mussten. Wir können einen Brei aus Gerste, Hirse und Bohne als Nahrungsgrundlage annehmen, wissen aber nicht, womit er gewürzt oder ergänzt wurde. Dafür lassen sich Zutaten erschließen, die zwar nicht verdaut, deren Reste aber an Ort und Stelle ausgespuckt wurden. Durch den Einsatz einer aufwendigen Schlämmanlage konnten bei den Grabungen der letzten Jahre auch kleine Knochen geborgen werden. Es handelt sich um Klauen von Schwein, Schaf und Gämse, um Schwanzwirbel von Schwein, Schaf und Rind und um nicht näher bestimmbare Rippen. Minderwertiges Fleisch also, mit einem hohen Anteil an Schwarte, das aber zum Kochen einer kräftigen Suppe sehr gut geeignet ist. Auch heute noch werden diese in der Steiermark Klachelfleisch genannten Fleischsorten ähnlich verwendet. Zusammen mit Rollgerste und Bohnen bereitet man daraus eine der vielen Varianten des so genannten Ritschert – eines südostalpinen Eintopfgerichts, das besonders in der Steiermark, in Kärnten und Slowenien beheimatet ist. Aufgrund der identischen Zutaten können wir mit großer Wahrscheinlichkeit annehmen, dass dieses Ritschert auf vorkeltische Traditionen zurückgeht und mindestens dreitausend Jahre alt ist.

Jüngste Grabungsergebnisse lassen den Schluss zu, dass das Althallstätter Ritschert in der Grube, direkt vor Ort, gekocht wurde. Der Fund eines mit Speisebrei dick verkrusteten, großen Rührlöffels aus Holz und Scherben großer, ca. 50 Liter fassender Tongefäße berechtigten zu dieser Annahme. Die Glut wurde mit Holzfächern, wie einer an benachbarter Stelle geborgen werden konnte, immer wieder angefacht. Das große Feuer brachte weitere Vorteile. Es diente als zentrale Lichtquelle und erwärmte die Grubenluft, die dadurch in Bewegung kam und Frischluft ansaugte – die einfachste Form der so genannten thermischen Wetterführung.

Althallstätter Ritschert

200 g schwartenreiches Schweinefleisch
100 g Saubohnen
100 g Schälgerste
50 g Hirse
Salz, Thymian, Bohnenkraut, Liebstöckel, Salbei, 1 Schuss Essig
Schnittlauch oder fein gehackte Zwiebeln

Fleisch, Bohnen, Gerste und Hirse im Halbstundentakt in den Topf geben und zu breiiger Konsistenz weich kochen. Mit Salz, Kräutern und Essig abschmecken. Mit Schnittlauch oder Zwiebeln bestreut servieren.

Ritschert aus dem mittelalterlichen Kloster Tegernsee

300 g Saubohnen
1 l Fleischbrühe
250 g durchwachsener Speck, würfelig geschnitten
150 g geschnittene Karotten
Knoblauch, Oregano, Bohnenkraut
Salz, Pfeffer, Petersilie

Saubohnen in Fleischbrühe einweichen und weich kochen. Durchzogene Speckwürfel auslassen, geschnittene Karotten dazugeben und weich dünsten, mit gehacktem Knoblauch, Oregano und Bohnenkraut würzen und unter die passierten Bohnen mischen. Zu einem dickflüssigen Brei verkochen und mit Petersilie bestreut servieren.

Kärntner Ritschert *(für 6 Personen)*

200 g weiße Bohnen
400 g Rollgerste
1 kg geselchte Stelze, Schweinshaxln oder Ripperln
150 g Sellerieknolle
1 l Wasser
Liebstöckel, Gundelrebe, Salbei, Petersilie, Selleriegrün nach Geschmack, Salz

Bohnen mit Rollgerste, Schweinsstelze und Selleriewurzel weich kochen. Das Ritschert soll eher fest als flüssig sein, Liebstöckel und Salbei sollen vorschmecken. Das Fleisch von den Knochen lösen, klein schneiden, zurück in den Topf geben und erst am Schluss salzen. Vor dem Servieren Kräuter hinzufügen.
Das jüdische Ritschert wird mit gebratenem Gänsefleisch zubereitet.

»Ulmer Haxl«

200 g Rollgerste
1 kleine, fein gehackte Zwiebel
50 g Schweineschmalz
1 Stange Porree
200 g weiße Bohnen
700 g gepökelte Schweinshaxe
Salz, Pfeffer, Schnittlauch

Gerste waschen und abtropfen lassen, Zwiebeln im Fett blassgelb anrösten, die Gerste dazugeben und durchrösten. Den fein geschnittenen Porree hinzufügen und mit ungefähr 1 Liter Wasser aufgießen. Mit den eingeweichte Bohnen und dem Fleisch langsam weich kochen. Das Fleisch vom Knochen lösen, nudelig schneiden und in den Topf zurückgeben, salzen. Mit Schnittlauch bestreut servieren. Als Beilage Salzkartoffeln reichen.

»Bretonische Bohnen«

300 g Rindfleisch
150 g Suppengrün
1 Stück Porree
4 EL Schweineschmalz
Paradeismark, Knoblauch nach Geschmack
150 g Bohnen
6 EL Graupen
Salz, Pfeffer
Petersilie zum Bestreuen

Würfelig geschnittenes Fleisch, geriebenes Wurzelwerk und fein geschnittenen Porree mit Schweineschmalz gut durchrösten. Paradeismark und zerdrückten Knoblauch hinzufügen und mit den eingeweichten Bohnen und Graupen aufgießen. Ganz langsam weich kochen, wobei ein Teil der Bohnen zerfallen kann. Würzen und mit gehackter Petersilie bestreut servieren.

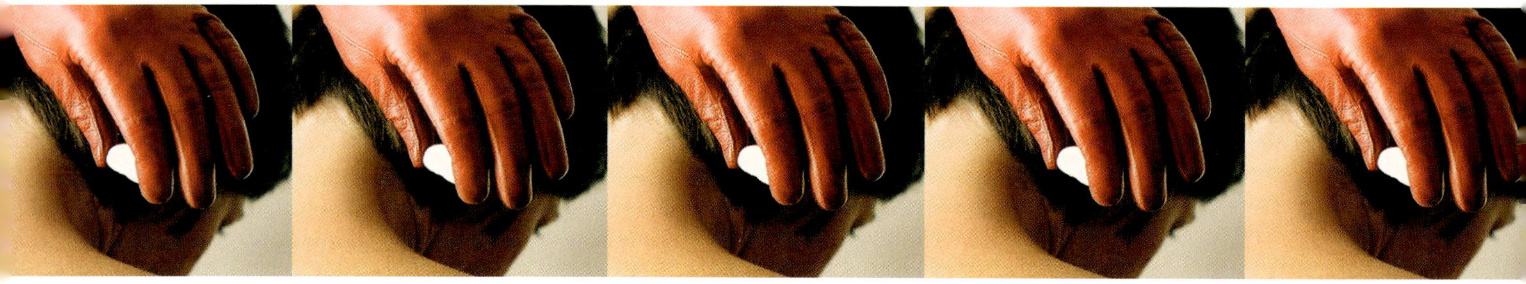

AHNENKUNDE

Die Bohne der Alten Welt, die Vicia faba, wurde schon zu Beginn der Jungsteinzeit, vor mehr als achttausend Jahren, kultiviert. Die ersten Funde stammen aus den Oasenlandschaften der so genannten fruchtbaren Sichel Ägypten–Palästina–Mesopotamien.

Obwohl Herodot berichtet: »Die Ägypter säen niemals Bohnen, und selbst wenn irgendwo welche wild wachsen, denken sie nicht daran, sie zu essen, ob roh oder gekocht …«, fanden sich in Gräbern der Zwölften Dynastie (1991–1785 v. Chr.) in Theben große Mengen von Bohnen und Linsen. Die Ablehnung von Bohnenspeisen wird wahrscheinlich auf den häufigen Befall der Bohnen mit Insektenlarven zurückzuführen sein und nicht auf alle sozialen Klassen zugetroffen haben. Herodot erwähnt ferner, dass die Bohnen den äyptischen Priestern als unrein galten und sie diese nicht einmal ansehen durften, da ihnen eine aphrodisierende Wirkung zugeschrieben wurde.

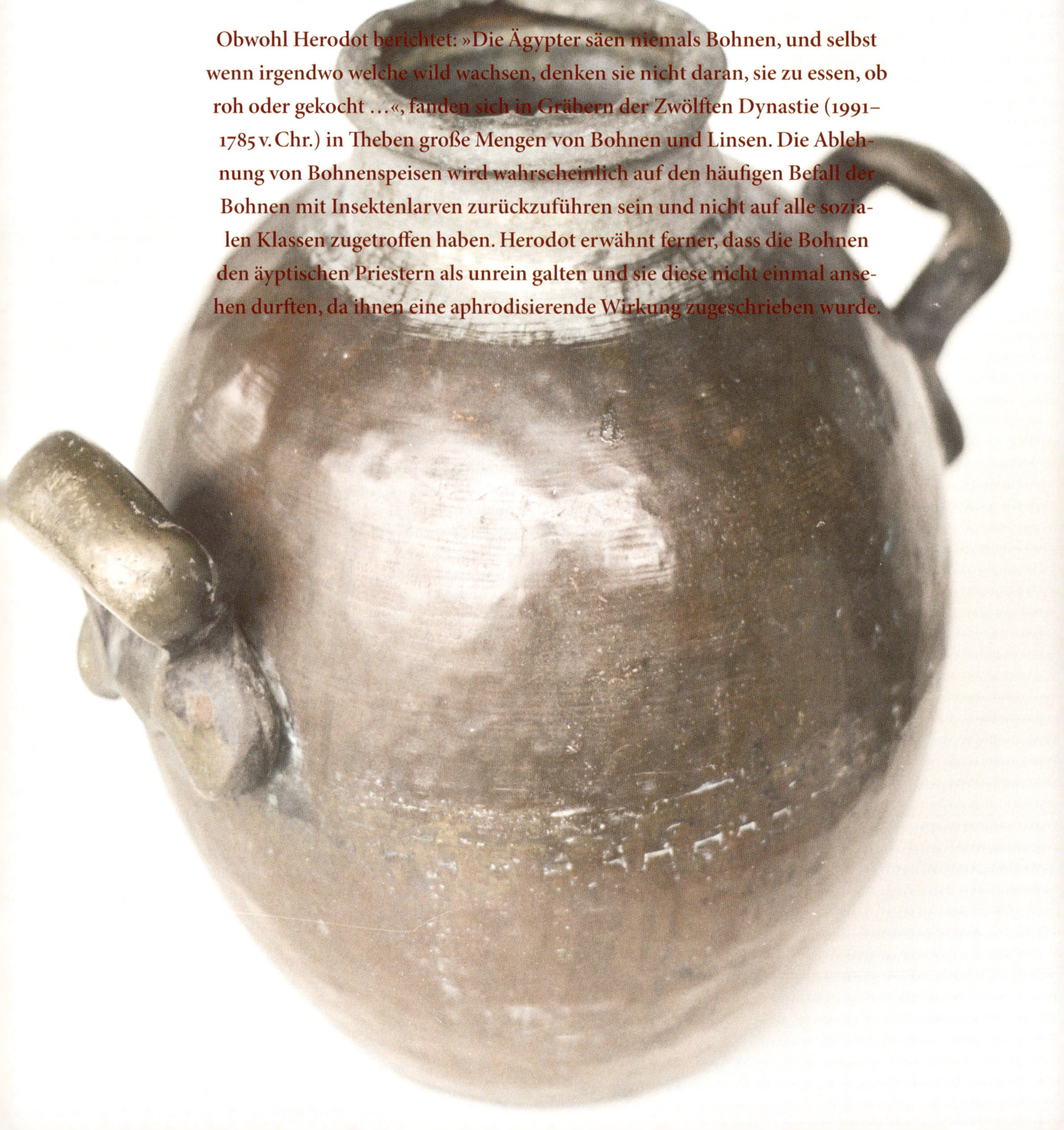

BOHNENREZEPTE

Ronen und Bohnen san g'sund und schonen

Bohnenrezepte aus dem heutigen Ägypten

Ful Nabed *(Suppe aus dicken Bohnen)*

300 g große dicke Bohnen
Salz, Pfeffer, gemahlener Kreuzkümmel
je 1 Schuss Zitronensaft und Olivenöl
Petersilie zum Bestreuen, Zitronenspalten zum Garnieren

Große, dicke Bohnen schälen, kochen und mit dem Sud passieren, dass eine dicke Suppe entsteht. Mit Salz, Pfeffer und Kreuzkümmel abschmecken. Zuletzt mit Zitronensaft und Olivenöl bei schwacher Hitze nochmals aufwallen lassen und gut durchrühren. Mit fein gehackter Petersilie und Zitronenspalten servieren.

Besara *(Püree aus dicken Bohnen)*

300 g große dicke Bohnen
3 TL getrocknete Minze
Olivenöl, ½ gehackte Zwiebel, Zitronenspalten, Salz, Pfeffer

Die Bohnen schälen, kochen, pürieren, mit Salz, Pfeffer und Minze abschmecken und nochmals aufkochen. Mit Olivenöl, gehackter Zwiebel, Zitronenspalten reichen. Dazu passt Fladenbrot oder frisches Weißbrot.

Tameya oder Falafel *(Kroketten aus dicken Bohnen)*

200 g große dicke Bohnen
1 mittelgroße Zwiebel
1 TL gemahlener Koriander
1 EL gehackte Petersilie
2 Knoblauchzehen
1 Prise Chilipfeffer
1 TL Natron
1 TL Sesamkörner
Salz und Öl zum Ausbacken

Die dicken Bohnen werden nach dem Einweichen enthäutet und roh faschiert, mit Salz, gehackter Zwiebel, Koriander, Petersilie, zerdrücktem Knoblauch, Pfeffer und Natron gemischt und nochmals fein faschiert. Dann knetet man sie zu und lässt sie 30 Minuten rasten. Kleine Knöderln formen und in Sesamkörnern wälzen, nochmals 20 Minuten rasten lassen. In 180 °C heißem Öl gleichmäßig braun backen. Für Falafel nimmt man je zur Hälfte dicke Bohnen und Kichererbsen und würzt zusätzlich mit Kreuzkümmel.

Bohnenrezepte aus dem heutigen Griechenland

In der Ilias wird die dunkelfarbige Bohne als landwirtschaftliches Produkt angeführt. Aristophanes (um 400 v. Chr.) nennt als Speise der Armen die Maza, ein aus Gerstenschrot oder -mehl mit Wasser, Milch oder Öl gekneteter und getrockneter Teig. Vor dem Essen wurde die Maza mit Wasser wieder angefeuchtet und gemeinsam mit Gemüse gegessen; besonders beliebt waren Zwiebeln, Bohnen, Sellerie und Distelarten, die in Salzwasser gekocht oder mit Öl zubereitet wurden.
Die Griechen hatten einen eigenen Bohnengott, Kyamitos, in dessen Tempel Bohnen geopfert wurden. Bei dem Erntefest zu Ehren Apollons wurde als Opfergabe für den Gott ein Bohnenbrei gekocht. Die Spartaner setzten Bohnen bei ihren Festen den Fremden als Nachspeise vor. Allerdings wurden auch bei den Griechen der Bohne negative Eigenschaften nachgesagt: So war man der Meinung, dass der Genuss von Bohnen zu unruhigem Schlaf führe und böse Träume hervorrufe. Ein griechischer Vers sagt, dass Bohnenessen gleichzusetzen sei mit dem Essen von Elternköpfen.
Besonders von Pythagoras (etwa 570–480 v. Chr.) werden Bohnen abgelehnt und Bohnenspeisen verboten. Er soll einem Ochsen das Bohnenfressen auf einer Weide bei Tarent abgewöhnt und seinen Schülern verboten haben, durch ein Bohnenfeld zu gehen.
Als er selbst sich weigerte, seine Flucht durch ein Bohnenfeld fortzusetzen, konnte er von den Krotoniaten getötet werden. Aristoteles begründet diese Haltung damit, Pythagoras hätte sich der Bohnen enthalten, weil sie den Hoden ähnlich seien, respektive den Toren des Hades. Nach Prophyrius hingegen soll Pythagoras aus folgenden Gründen verboten haben, Bohnen und Menschenfleisch zu essen: »… als das Chaos sich in verschiedene Gestalten teilte, entstanden Menschen und Bohnen.« Als Beweis führte er an, dass gekaute Bohnen, wenn man sie den Sonnenstrahlen aussetzt, nach einiger Zeit wie Menschenblut riechen; wenn man zur Zeit der Bohnenblüte eine welke Bohnenblüte in ein Tongefäß gibt und Selbiges vergräbt, findet man nach 90 Tagen entweder den Kopf eines Kindes oder eine weibliche Scham.
Pythagoras verbot seinen Schülern den Umgang mit Bohnen auch deshalb, um sie von der Politik fernzuhalten, da ja Beamte durch Bohnen gewählt wurden. Die Athener verwendeten bei ihren Wahlen verschiedenfarbige Bohnen als »Stimmzettel«.

Sauerkrautsuppe

500 g Sauerkraut
200 g Kartoffeln
300 g Selchfleisch
200 g weiße Bohnen
50 g Fett, 2 EL Mehl
2 Knoblauchzehen, 5 Pfefferkörner, Salz
5–6 EL Sauerrahm

Sauerkraut mit in Würfel geschnittenen Kartoffeln, Pfefferkörnern und Selchfleisch sowie die Bohnen weich kochen. Die Bohnen passieren und das Fleisch in kleine Stücke schneiden. In einer lichten Einbrenn zerdrückten Knoblauch anlaufen lassen und mit der Suppe aufgießen, salzen. Beim Servieren Sauerrahm beigeben.

Fasolia xera yachni *(Bohnen in Tomatensauce)*

3 mittelgroße Zwiebeln
150 g Olivenöl
500 g reife Tomaten
500 g weiße Bohnen
Petersilie, Salz, Pfeffer

Zwiebeln schneiden und goldbraun rösten, die geschälten Tomaten dazugeben und kurz durchkochen. Die gekochten Bohnen in die Tomatensauce geben und mit Petersilie, Salz und Pfeffer abschmecken. Man kann auch geschnittene Karotten und Sellerie mitkochen.

Lammfleisch-Kapama mit weißen Bohnen

1 kg Lammfleisch (auch Rind- oder Schweinefleisch)
5 EL Olivenöl oder Butter
2 kleine Zwiebeln
2 Knoblauchzehen
3 reife Tomaten
500 g weiße Bohnen
Salz, Pfeffer, Petersilie

Das Fleisch in größere Stücke schneiden und anbraten, herausnehmen und im gleichen Fett fein gehackte Zwiebeln und zerdrückten Knoblauch andünsten. Tomaten schälen und grob hacken. Aufgießen, eingeweichte Bohnen, das Fleisch und die Tomaten zugeben und fertig dünsten. Salzen, pfeffern und mit Petersilie anrichten.

Die Etrusker

kannten ein Gericht aus Bohnen mit Salbei, das in einem Tonkrug zubereitet wurde. Es muss den heutigen Fagioli al fiasco sehr ähnlich gewesen sein:

Fagioli al fiasco *(Bohnen in der Flasche, Toskana)*

300 g weiße Bohnen
Salbeiblätter
2 Knoblauchzehen
3 El Olivenöl
Salz, Pfeffer

In eine große Chiantiflasche, von der man das Stroh entfernt hat, füllt man die eingeweichten Bohnen, Salbeiblätter, Knoblauch, Olivenöl und Wasser und verschließt sie mit einem Leinenlappen. Man stellt die Flasche, die nur zu zwei Drittel gefüllt sein darf, bei schwacher Mittelhitze in den Backofen. Nach ungefähr 3 Stunden ist die Flüssigkeit fast ganz aufgenommen und die Bohnen sind weich. Man schüttelt sie aus der Flasche, salzt und pfeffert sie und serviert die Bohnen kalt oder warm.

Bei den Römern

waren die Bohnen eine Hauptnahrung der Armen, da sie als gute, kräftige und Fleisch bildende Nahrung galten. Aus diesem Grund erhielten Gladiatoren Bohnen in Form eines Breis mit Gerstenschleim. Bohnen sind also die Anabolika der Antike, ohne je in Dopingverdacht geraten zu sein.
Auch die Römer hatten einen besonderen Festtag, an dem der Göttin Carna, Schützerin der Leibesfunktionen, ein Brei aus Bohnen, Weizen und Speck bereitet wurde. Dieser Tag, der 1. Juni, hieß deshalb *Kalendae fabariae*, faba heißt auf lateinisch Bohne. Von diesem Wort leitet auch das berühmte Geschlecht der Fabier seinen Namen ab, wie Plinius berichtet. Bei den »Ludi saeculares« erhielt das Volk Weizen, Gerste und Bohnen; an den Floralien (28. April–3. Mai) wurden Bohnen und andere Hülsenfrüchte von den Aedilen unter das Volk geworfen.

In Rom gab es am 9., 11. und 13. Mai ein Sühnefest, das Lemuren, Todesgeistern, galt und den Tod für das kommende Jahr abhalten sollte: Der Familienvater ging barfuß, das Hörnerzeichen (le corne) machend, nahm Bohnen in den Mund, streute sie im ganzen Haus aus und sagte neunmal: »Diese gebe ich und mit diesen Bohnen erlöse ich mich und die meinen!« Die Priester Jupiters durften Bohnen weder berühren noch deren Namen aussprechen, da Bohnen mit den Toten in Verbindung gebracht wurden. Die schwarzen Flecken in den weißen Blüten wurden als Schriftzeichen des Todes gesehen. In den Samen wohnten die Seelen der Toten, wie Plinius berichtet. Ovid berichtete, wie man sich vor verleumderischen Zungen schützen könne: Eine alte Frau bewegt sieben Bohnen im Mund und murmelt Zaubersprüche, während sie Weihrauch in ein Mausloch gibt und einen Wollfaden um eine dunkle Spule wickelt etc. Ein Brauch, der sich in der Toskana bis vor 100 Jahren gehalten hat. Bohnen standen bei den Römern in etwas größerer Gunst als Erbsen. Besonders gerühmt wird die Qualität der Bohnen aus Baiae, einem für seine warmen Bäder und die Austernzucht berühmten Ort bei Neapel, für die Apicius (3. Jahrhundert n. Chr.) in seinem Kochbuch ein Extrarezept mitteilt. Bohnen wurden mit Speck, Schweinefleisch, selten mit Ziegen- und Schaffleisch gegessen.

Antike Bohnenrezepte (nach Apicius)

Fabam Vitellianam *(Saubohnen = la Vitellius)*

»Koche die Bohnen und rühre sie zu einem glatten Püree. Zerstampfe im Mörser Pfeffer, Liebstöckel und Ingwer und gib Dotter von hart gekochten Eiern, Honig, liquamen (Fischsauce, heutiger Worcestersoße vergleichbar), Wein und Essig über die Gewürze. Fülle all dies samt den gestampften Gewürzen in einen Topf, füge Öl hinzu und bringe es zum Kochen. Würze die Bohnen mit dieser Sauce. Rühre sie glatt, falls sich Klümpchen gebildet haben. Füge Honig hinzu und serviere.«

Fava cum betis *(Bohnensuppe mit Mangold)*

200 g Saubohnen
500 g Mangold
2 hart gekochte Eier
1 TL Honig
Ingwer, Liebstöckel, Salz, Pfeffer
2 EL Öl
1/8 l Weißwein, evt. 1 EL Essig

Saubohnen kochen und die letzten 20 Minuten Mangoldblätter dazugeben. Hart gekochte Eidotter zerbröseln, mit Honig, Ingwer, Liebstöckel, Salz und Pfeffer vermischen, ins heiße Öl geben und unter ständigem Rühren Weißwein zugießen. Kurz vor dem Servieren zu den Bohnen geben, aufkochen und mit Essig abschmecken.

Bohnenrezepte aus dem heutigen Italien

Fagioli al tonno *(Bohnen mit Tunfisch)*

300 g weiße Bohnen, Salz
300 g Tunfisch in Öl
6 EL Olivenöl
1 Knoblauchzehe
Basilikum, Pfeffer
1 Zwiebel

Bohnen kochen, salzen und mit Tunfisch aus der Dose und Olivenöl vermischen. Mit zerdrücktem Knoblauch, Basilikum und Pfeffer abschmecken und mit Zwiebelringen garniert servieren.

Minestrone *(Klassische italienische Gemüsesuppe, für 6–8 Personen)*

1 große Zwiebel
1 Selleriestange oder 1 Sellerieknolle
2 Karotten
1 Lauchstange
300 g frische Borlottibohnen
150 g Pancetta, klein geschnitten
1–2 Zucchini
200 g Fisolen
200 g frische Erbsen oder Saubohnen
2 große Kartoffeln
1 große Tomate, geschält und geschnitten
Salz
1 mittelgroßer Kohlkopf
250 g Reis
2 Knoblauchzehen
3 EL gehackte Petersilie
5 EL geriebener Parmesan

Die Zutaten in nicht zu kleine Stücke schneiden und nacheinander in den Topf geben, zuletzt den Kohl und den Reis, damit die verschieden langen Kochzeiten ausgeglichen werden, und in leicht gesalzenem Wasser »al dente« kochen. Mit zerdrücktem Knoblauch und Petersilie abrunden und mit geriebenem Parmesan servieren.

Fagioli all'ucelletto *(Bohnen mit Salbei, Toskana)*

400 g weiße Bohnen
2 Knoblauchzehen
6 frische Salbeiblätter oder ½ TL getrockneten Salbei
6 EL Olivenöl
500 g reife Tomaten
Salz, Pfeffer

Die Bohnen kochen. Zerdrückten Knoblauch und Salbei in Öl kurz anbraten, die geschälten Tomaten und die abgetropften Bohnen dazugeben, salzen und pfeffern und bei schwacher Hitze gut durchkochen.

Pasta e fagioli *(Teigwaren mit Bohnen, Venetien)*

1 Zwiebel
1 Karotte
1 Selleriestange oder Knolle
2 Lorbeerblätter
4 EL Olivenöl
300 g rote Bohnen (Borlotti)
1 kleine Surstelze
150 g Tagliatelle
Salz
1 Salbeiblatt
1 kleiner Rosmarinzweig
Thymian, Petersilie, Basilikum, Knoblauch
Butter, Parmesan

Zwiebel, Karotte und Sellerie klein schneiden, mit den Lorbeerblättern in Öl anrösten und mit Wasser aufgießen. Die eingeweichten Bohnen und eine kleine Surstelze zugeben, langsam kochen. Knapp vor Ende der Garzeit die Teigwaren hinzufügen, zuletzt salzen und mit fein gehackten Kräutern, Pfeffer und wenig zerdrücktem Knoblauch würzen. Zum Eindicken einen Teil der Bohnen passieren. Mit Butter und Parmesan bestreut servieren.

Jota *(Krautsuppe aus Venetien/Friaul)*

1 Zwiebel, 4 Knoblauchzehen
1 EL Schmalz
300 g Sauerkraut
4 Lorbeerblätter, Kümmel
Salz, Pfeffer
200 g Wachtelbohnen
200 g durchwachsener Speck
1 große Kartoffel

Fein gehackte Zwiebel und Knoblauch in Schmalz andünsten, das Sauerkraut dazugeben und mit Lorbeerblatt und Kümmel weich kochen, salzen und pfeffern. Bohnen mit Lorbeerblatt und dem Speck, der dann wieder herausgenommen wird, kochen und die letzten 20 Minuten die geschälte Kartoffel dazugeben, passieren und mit dem Sauerkraut vermischen. Den Speck in kleine Würfel schneiden, Suppe mit Kochsud auffüllen und durchkochen.

In der Neuen Welt

genauer gesagt in Mittel- und Südamerika, reichen die historisch belegten Ursprünge der Kultivierung der Phaseolus-Bohne weit in die Zeit vor unserer Zeitrechnung zurück. Die ältesten Funde stammen aus einer Höhle in Peru und sind fast 8000 Jahre alt. Jüngere archäologische Belege sind sehr zahlreich, unter anderem auch als Grabbeigaben. Zur Zeit der Eroberung durch die Spanier waren Bohnen neben Mais die Hauptnahrung der Bevölkerung und wurden feldmäßig angebaut.
Hominy war ein Eintopf der Indianer aus grob gemörsertem Mais, Bohnen, Fleisch oder Fisch, der langsam, zumeist die Nacht hindurch, am Feuer dahinköchelte.
Die Azteken hinterließen ihr berühmtes Chili con carne, ein Gericht aus grob gehacktem Rindfleisch, Zwiebeln, Tomaten, Chilipfeffer und Bohnen.

Chili con carne *(für 6 Personen)*

3 gehackte Zwiebeln
2 entkernte und gehackte Chilischoten
4 EL Maiskeimöl
800 g Faschiertes
800 g geschälte und gehackte Tomaten
2 zerdrückte Knoblauchzehen
300 g rote Bohnen
Salz, Pfeffer

Zwiebeln und Chili anbraten, das Faschierte dazugeben und gut durchrösten. Tomaten und Knoblauch hinzufügen und ein wenig dünsten. Die gekochten Bohnen mit einem Teil der Flüssigkeit beifügen und mit Salz und Pfeffer kräftig würzen.

Volkskundliches zum Thema Bohne

Bevor die Kartoffel im 18. Jahrhundert in Europa allgemein eingebürgert wurde, nahmen Getreide und Hülsenfrüchte den wichtigsten Platz in der Ernährung der Menschen ein. Im Laufe des 19. Jahrhunderts sind dann Hülsenfrüchte, mit wenigen regionalen Ausnahmen, fast ganz vom bäuerlichen Tisch verschwunden. Am längsten haben sich Hülsenfrüchte, besonders die Bohnen, als zusätzliche Kost, bei Schwerarbeit (Ernte, Drusch, Waldarbeit) gehalten. Früher waren Bohnen tägliche Kost und der Variantenreichtum der Rezepte zeigt, wie man versuchte, trotz gleich bleibender Voraussetzungen abwechslungsreich zu kochen. Einen ganzen Speisezettel kann man mit Bohnen erstellen und findet Rezepte für Alltag und Feste, Winter und Sommer, Ärmere und Reichere, Herrschaft und Dienstleute sowie für Morgenmahlzeit, Mittagessen und Nachtmahl. Durch die Kombination von Bohnen mit Getreideprodukten erreichte man eine ernährungsphysiologisch ausgewogene Kost mit Eiweiß und Stärke als Hauptbestandteilen (Bohnenfleckerln, Bohnensterz, Bohnenstrudel, Ritschert, Bohnenknödel usw.). Die einfachste Art, Bohnen zu servieren, ist als Salat. Vielfach wurden sie auf Vorrat gekocht und bei Bedarf in den von anderen Salaten, z. B. grünem Salat, übrig gebliebenen Essig geschüttet. So konnten selbst die ganz Hungrigen gesättigt werden. In den Knechtsverträgen früherer Jahrhunderte findet sich häufig die Formulierung »und boan a« (und Bohnen auch), womit gemeint war, dass immer auch Bohnen auf den Tisch kamen. Auch als Pilgerkost und Reiseproviant sind Bohnen überliefert. Man steckte einfach einen Sack gekochter Bohnen ein, die dann im Laufe des Tages kalt gegessen wurden. Einen besonderen Stellenwert haben Bohnen schließlich als Fastenspeise erlangt.

Der Anbau der Bohnen erfolgte entweder als einzige Frucht oder in Mischkultur mit Kartoffeln oder Mais, manchmal auch als Nachfrucht nach Hirse. Um sich eine gute Ernte zu sichern, musste man bestimmte Regeln bei der Aussaat beachten. Bei der Aussaat von Bohnen: Günstige Tage waren der Bonifaziustag (5. bzw. 14. Juni), der Gründonnerstag (dann erfrieren sie nicht), der Karfreitag, der Gordionstag (10. Mai), Mariä Verkündigung und die drei Tage vor Christi Himmelfahrt (dann steigen sie mit Christus in die Höhe). Man musste die Bohnen »zu einer hohen Stunde« (zwischen 11 und 12 Uhr vormittags) und in ungerader Zahl stecken. An einem Tag mit dem Sternbild Waage gesteckt, da werden sie dick und voll, an Tagen der Jungfrau blühen sie nur fleißig, und im Steinbock werden sie hart. Von Vorteil soll es auch gewesen sein, beim Bohnenstecken viel zu lügen.

Viele dieser Regeln grenzen schon sehr an Aberglaube, der im Folgenden klar zum Ausdruck kommt: Bekommt eine Bohnenpflanze weiße oder gelbe Blätter, so ist mit einem Todesfall in der Familie zu rechnen. – Am Neujahrstag steckt man Saubohnen für sich und die Geliebte unter den Balken der Stubendecke. Grünen beide Bohnen, gibt es Hochzeit. – Träumt man von Bohnen, gibt es Not und Zwietracht.

Ein uralter Brauch ist das Fest des Bohnenkönigs, der vermutlich eine Abart des Narrenkönigs der altrömischen Saturnalien darstellt. Es wird vermutet, dass dieser Brauch über den Orient nach Westeuropa einwanderte, wo er in Frankreich bereits im 13. Jahrhundert nachgewiesen ist. Besonders populär war er seit dem 16. Jahrhundert: Eine Bohne wird in einen Kuchen eingebacken und derjenige, der die Bohne in seinem Stück findet, wird zum »Bohnenkönig« erklärt. Dieser genießt bei dem nachfolgenden Fest gewisse Vorrechte. Er wählt sich eine Königin zum Tanz und schreibt mit Kreide C. M. B. an die Balken im Haus, um Übles fernzuhalten. Zunächst kirchlich-religiös adaptiert, wird dieser Brauch bald zu einem ausgelassenen Bacchanal – wenn man den Bildern von Jacob Jordaens (Amsterdam 1593–1678) Glauben schenken darf. Bei uns hat dieser Brauch, außer in den Kreisen des Wiener Hofes, nie recht Fuß gefasst.

Bei den Roma hat sich eine schöne Tradition erhalten. Zur Hochzeit bekommt der Mann wie die Frau drei verschiedene Arten von Bohnen und einen Krug. Jeder Tag wird mit einer Bohne gekennzeichnet, war er wunderschön, gleichgültig oder grässlich. Nach einem Jahr wird der Krug geleert und die Bohnen werden nach ihrer Art sortiert. Diese Inventur zeigt, wie gut das Paar harmoniert, und im äußersten Fall kann durch ein Griss (Schnellgericht) die Ehe sogleich geschieden werden.

BÄUERLICHE UND BÜRGERLICHE BOHNENREZEPTE

Geflügeltes

»Die Bohne im Bauch« ist sehr eindeutig und weist auf den kommenden Nachfahr hin.

Wenn jemand so lang ist »wie eine Bohnenstange«, so ist dies bei der jüngeren Generation noch immer eine Beleidigung.

Wenn jemand »Bohnen in den Ohren hat«, werden Erinnerungen an Gus Bacchus wach und jeder weiß, dass man etwas nicht gehört hat oder nicht hören wollte.

»Bohnenschalenfresser« sind gemeinhin die Vegetarier.

»Das passt doch in eine Bohnenschale rein«, ist gleichzusetzen mit einem zu geringen Inhalt, sei es geistiger Natur oder im Materiellen gesehen.

Als »Bohnenschüssel« bezeichnete man Kleinstautos.

»Jedes Böhnchen ein Tönchen«, ein Satz, der mögliche Flatulenzen im Vorhinein entschuldigt.

Bohnensterz oder »Bohnengatsch« ist eine unglaubliche Geschichte, entweder nicht der Wahrheit entsprechend oder zu dumm.

Hat jemand »Furzpillen« geschluckt, gibt es vielleicht einen Zusammenhang mit der Puffbohne.

»Boan macht Boan.« (»Bohne macht Bein« – wenn man Saubohnen isst, bekommt man starke Knochen.)

»Nicht die Bohne« weist auf Unverständnis hin oder wird auch anstatt »in keinem Fall« verwendet.

Man kann auch »Erbsen Bohnen sein lassen« und meint damit, dass man es nicht sehr genau nimmt.

»Aus einer Bohne einen Berg machen«, ist eine schlichte Übertreibung.

Seit dem 18. Jahrhundert sind die blauen Bohnen die Flintenkugeln, so mancher wusste, wie die blauen Bohnen pfeifen oder wer eine blaue Bohne eingejagt bekam.

»Das sind meine Bohnen«, bedeutet schlicht und einfach, dass es meine Sorgen sind, und »sind es nicht deine Bohnen«, geht es den anderen nichts an.

Wenn jemand flüchtet, »macht er sich durch die Bohnen«.

Singt man jemand das »Bohnenlied«, so heißt das ihm den Laufpass geben.

Geht es noch »über das Bohnenlied«, dann war die Narrheit übermäßig.

»Grob wie Bohnenstroh« ist ein roher Mensch.

Keiner Erklärung bedarf wohl, wenn jemand »dumm wie Bohnenstroh« ist oder – expandiert – »dümmer als ein Bohnenstecken«.

»Gestutzter Fisch« ist der Fisch der Armen, ein Bohnensalat mit Zwiebeln.

»Boascharl und Erbsen machn bei die Männer die Kerzen«, ein direkter Hinweis auf die eiweißhältigen Hülsenfrüchte.

Wenn jemand »Bohneneier« hat, so ist er ohne Ansehen.

Wenn jemand »einen Sack Bohnen« bekommen hat, so wurde er nicht ausreichend belohnt.

Bäuerliche und bürgerliche Bohnenrezepte

Teufelsbohnen *(Osteuropa)*

Große dicke Bohnen werden geschält und gekocht und dann ein paar Tage lang in eine konzentrierte Lauge aus Salz und Pfeffer gelegt. Dadurch werden die Bohnen brennend scharf. Man isst sie aus der Hand zum Wein.

Fisolensalat mit Nüssen *(für 6 Personen)*

1 kg Fisolen
1 Scheibe Schwarzbrot ohne Rinde
200 g gerieben Nüsse
3–4 zerdrückte Knoblauchzehen
Essig, Öl

Fisolen kochen. Die Schmolle in Wasser einweichen und gut ausdrücken. Die Nüsse und den Knoblauch dazugeben und mit Essig und Öl gut abrühren. Über die abgetropften Bohnen geben.

Bohnensalat

wird in Kärnten nur mit Essig und Öl angemacht, mit Zwiebelringen vermischt und mit gerissenem Kren bestreut. Im Burgenland nimmt man heiße Rindsuppe, etwas Essig und Öl und würzt mit fein geschnittenem Knoblauch. In der Steiermark und im Südburgenland darf das Kürbiskernöl nicht fehlen.

Paunzger *(Fastenspeise aus dem Liesertal, Kärnten)*

200 g große dicke Bohnen
Bohnenkraut, Thymian, Salz
1 schwarzer Rettich
Sauerrahm oder Buttermilch

Die Bohnen mit Bohnenkraut und Thymian weich kochen, das Wasser abgießen, salzen und mit geriebenem Winterrettich und Sauerrahm oder Buttermilch vermischen.

Aschermittwoch-Heringsalat *(Wien)*

200 g marinierte Heringe (Russen, Matjes)
100 g geschälte, entkernte säuerliche Äpfel
150 g gekochte Kartoffeln
80 g Essiggurkerln
60 g Zwiebeln (aus der Heringsmarinade)
60 g gekochte weiße Bohnen
120 g Mayonnaise
3 EL Sauerrahm
5 Kapern, gehackt
Sardellenpasta, Estragonsenf, Salz, Pfeffer
nach Möglichkeit passierte Heringsmilch
hart gekochte Eier zum Garnieren

Heringe, Äpfel, gekochte Kartoffeln, Essiggurkerln und Zwiebeln werden in gleichmäßige kleine Stücke geschnitten, mit den gekochten Bohnen vermischt und mit einer Marinade aus Mayonnaise, Rahm, Kapern, Sardellenpasta, Senf, Salz und Pfeffer sowie der Heringsmilch oder einem Teil der Heringsmarinade vermischt. Vor dem Servieren mit hart gekochten Eiern garnieren. Frau Elsa aus Favoriten macht die Marinade aus Rahm, etwas Jogurt und viel Mayonnaise.

Rahmsuppe mit Bohnen *(Kärnten)*

¾ l Wasser
½ TL Salz
1 TL Kümmel
1 Lorbeerblatt
¼ l Sauerrahm
5 EL Mehl
geröstete Schwarzbrotschnitten
5 EL Speckgrammeln
200 g gekochte Bohnen

Das Wasser wird mit Salz, Kümmel und Lorbeerblatt aufgekocht und dann mit Rahm, dem das Mehl eingerührt wurde, versprudelt. Die Suppe wird mit gerösteten Schwarzbrotschnitten angerichtet. Dazu werden mit Speckgrammeln abgeschmalzene gekochte Bohnen gegessen.

Maria-Stuart-Suppe *(Wien)*

300 g weiße Bohnen
6 EL Fett
4 EL Mehl
Salz
100 g Selchfleisch, in Würfel geschnitten

Gekochte Bohnen werden passiert und entweder durch Einbrennen oder Aufgießen auf die gewünschte Konsistenz gebracht, salzen. Als Einlage würfelig geschnittenes, gekochtes Selchfleisch geben, dessen Sud auch zum Aufgießen verwendet werden kann.

Grüne Bohnen mit Äpfeln

1 Bund Suppengrün
1 Lorbeerblatt
Salz und Pfeffer
3 Rindsknochen
500 g Suppenfleisch
200 g Kartoffeln
500 g grüne Bohnen
3 Äpfel
1 TL Zucker
etwas Zimt
1 EL Essig
2 EL geröstete Speckwürfel
1 EL gehackte Petersilie

Suppengrün klein schneiden, leicht anrösten und mit Wasser ablöschen, würzen, Lorbeerblatt, die Knochen und das Fleisch zugeben und etwa 40 Minuten köcheln lassen. Dann das Fleisch herausnehmen und klein würfelig schneiden. Die Suppe abseihen, darin die Kartoffeln und die Bohnen garen, zum Schluss die geschnittenen Äpfel hinzufügen. Das Fleisch wieder zur Suppe geben und mit Zucker, Zimt und Essig abschmecken. Mit gerösteten Speckwürfeln und frischer Petersilie garnieren.

Bohnengulyás *(Wien)*

300 g kleine weiße Bohnen
1 Lorbeerblatt
2 große Zwiebeln
80 g Schweine- oder Gänseschmalz
1 EL edelsüßes Paprikapulver
Salz, 1 Knoblauchzehe
3–4 EL Paradeismark

Die Bohnen werden mit dem Lorbeerblatt kernig weich gekocht. Fein gehackte Zwiebeln im Fett hellgelb rösten, mit Paprika stauben und mit den Bohnen aufgießen. Mit Salz, Knoblauch und Paradeismark würzen und langsam bis zum teilweisen Zerfallen der Bohnen fertig dünsten.

Bohnensterz *(Niederösterreich, Burgenland)*

200 g Mehl
200 g Bohnen
Salz
Schmalz

Beliebiges Mehl wird gelindet, das heißt ohne Fett geröstet, und dann mit den gekochten Bohnen und der nötigen Menge Sud abgelöscht, sodass ein Sterz entsteht. Salzen und gut rösten. Mit heißem Schmalz übergießen und nochmals gut durchrösten. Bei dieser Speise wird auch gern teilweise Heidenmehl verwendet. Der restliche Sud wird eingebrannt, Nudeln eingekocht und zu dem Sterz gegessen.

Bohnen mit Fleckerln *(Wien)*

200 g weiße Bohnen
200 g Fleckerln
60 g Selchspeck
1 kleine Zwiebel
Petersilie
Salz, Pfeffer
5 EL Butter
3 EL Semmelbrösel
Paradeissoße

Die abgetropften, gekochten weißen Bohnen mit den gekochten, abgetropften Fleckerln, der in ausgelassenem Selchspeck glasig gerösteten Zwiebel und der gehackten Petersilie heiß schwenken. Mit Salz und Pfeffer abschmecken. Vor dem Servieren mit Butterbrösel bestreuen und mit Tomatensoße umkränzen.

Bohnen mit »zupfte Nudeln« *(Perchtoldsdorf, Niederösterreich)*

»Zupfte Nudeln«:
600 g Mehl
80 g Butter
2 Eier, Salz

500 g weiße Bohnen
Zwiebel, Knoblauch, Thymian, Petersilie, Salz
Fett und Mehl für die Einbrenn
geröstete Speck- oder Wurstwürfel, je nach Geschmack

Für die Nudeln aus Mehl, Butter, Ei, Salz und etwas kaltem Wasser einen festen Teig machen und rasten lassen. Anschließend nicht zu dünn auswalken und nach dem übertrocknen die Nudeln abzupfen. »Zupfte Nudeln« direkt in die eingebrannten Bohnen, die mit gerösteter Zwiebel, gepresstem Knoblauch, Thymian und Petersilie gewürzt wurden, einkochen. Salzen und geröstete Speck- oder Wurstwürfel nach Belieben darüber streuen. Diesem Gericht sollen die Perchtoldsdorfer ihren Spitznamen Bohnlhirsche verdanken.

Bohnenstrudel *(Burgenland, Ungarn)*

Ausgezogener Strudelteig wird mit einer Fülle, die in der Hauptmasse aus Bohnen besteht, bestrichen, eingerollt und zu Portionsstücken abgedrückt. Die Stücke werden in heißem Fett hellbraun gebacken.

Strudelteig

200 g glattes Mehl
1/8 l lauwarmes Wasser
1 EL Öl
1 Prise Salz

Mehl mit Wasser, Öl und etwas Salz zu einem glatten Teig kneten und nach dem Rasten auf einem bemehlten Tuch so dünn wie möglich ausziehen.

Fülle aus dem Leithagebirge

150 g Grieß
100 g Schmalz
300 g weiße Bohnen
Speckwürfel
Salz, Pfeffer, Majoran

Grieß leicht rösten, aufgießen und quellen lassen. Mit gekochten Bohnen und gerösteten Speckwürfeln vermischen und mit Salz, Pfeffer und Majoran sehr pikant abschmecken.

Fülle aus Oberwart

1 Zwiebel
2 in Würfel geschnittene Semmeln
80 g Schmalz
300 g Bohnen
Salz, Majoran, Pfeffer

Gehackte Zwiebel und Semmelwürfel in heißem Schmalz anrösten, mit gekochten, passierten Bohnen mischen und mit Salz, Pfeffer und Majoran würzen. Dazu serviert man Krautsalat.

Fülle aus Sopron

150 g Grieß oder Semmelbrösel
100 g Butter oder Schmalz
300 g weiße Bohnen
½ l Obers
100 g Zucker
Apfelstücke, Rosinen nach Belieben

Grieß oder Brösel anrösten, mit gekochten, passierten Bohnen und ungeschlagenem Obers abrühren, zuckern und je nach Geschmack mit Apfelstücken und Rosinen verfeinern.

Editas Bohnen *(Kroatien-Burgenland, für 6 Personen)*

1 kg Zwiebeln
Olivenöl, Peperoncini und Weißwein je nach Bedarf
1 EL Mehl
2 EL Paprikapulver
1 EL Tomatenmark
1 EL Dijon-Senf
2 Knoblauchzehen
1 kg große weiße Bohnen
Salz

Zwiebeln in feine Ringe schneiden und in Olivenöl dünsten, nach Belieben Peperoncini beigeben. Wenn die Zwiebeln nur im Fett sein sollten, mit etwas Weißwein abgießen, damit sie nicht braun, sondern breiig werden. Dann mit Mehl stauben, Paprikapulver, Tomatenmark und französischen Senf unterrühren, 2 Knoblauchzehen zerdrücken und die nicht zu weich gekochten Bohnen hinzufügen, mit Bohnenwasser mischen und alles zusammen aufkochen, salzen. Dann auf ein Backblech geben und im Rohr etwa 1 Stunde lang bei 210 °C backen, bis ein Großteil der Flüssigkeit verdampft ist.

Samerberger Bohnenknödel *(Tirol, für 6–8 Personen)*

500 g braune Bohnen
Lorbeerblatt, Nelke
1 Zwiebel
420 g Semmelwürfel
100 g Mehl
¼ l Milch
2 Eier
Öl, Salz
Essig

Die Bohnen werden mit Lorbeerblatt, Nelke und Zwiebel gekocht und die Hälfte davon wird unter einen Knödelteig aus Semmelwürfeln, Mehl, Milch, Eier, Öl und Salz gemischt. Knödel formen und in Salzwasser 20 Minuten schwach kochen. Das Bohnenkochwasser mit der zweiten Hälfte der Bohnen dunkel einbrennen und mit Essig und Salz abschmecken. In dieser Suppe werden die Knödel serviert.

Fisolen-Pilzgulasch

1 Zwiebel
3 EL Butter
1 EL Paprikapulver
100 g Fisolen
150 g Pilze
2 geschälte und würfelig geschnittene Tomaten
1 EL Tomatenmark
1 EL Mostessig
Petersilie

Zwiebel anschwitzen, von der Kochstelle nehmen und paprizieren. Die in mundgerechte Stücke geschnittenen Fisolen dazugeben, gut durchrühren, mit Wasser aufgießen und etwa 30 Minuten dünsten. Jetzt die geschnittenen Pilze, die klein würfeligen Tomaten und das Tomatenmark zugeben und weitere 10 Minuten dünsten. Zum Schluss Mostessig und frische Petersilie hinzufügen.

Bohnenknödel *(Wien der Nachkriegszeit)*

250 g gekochte, gut abgetropfte Bohnen
250 g Weizenmehl
10 g Germ
Salz

Die Bohnen ganz fein faschieren und mit den anderen Zutaten zu einem mittelfesten Teig kneten. Nach kurzem Rasten Knödel formen und in leicht gesalzenem Wasser 12 Minuten ziehen lassen, nicht zudecken. Mit Dill-, Gurken- oder Paradeissoße servieren.

Bohnenlaibchen *(Wien)*

400 g Bohnen
1 Ei
1 kleine Zwiebel
40 g Fett
1 EL gehackte Petersilie
250 g gekochtes, fein gehacktes Selchfleisch
Salz
Mehl, Ei und Semmelbrösel zum Panieren
Fett zum Ausbacken

Die gekochten, abgetropften Bohnen werden passiert und mit Ei, gehackter und gerösteter Zwiebel, Petersilie, dem Selchfleisch und Salz gut vermischt. Aus dieser Masse Laibchen formen, die in Mehl, Ei und Brösel paniert und in heißem Fett gebacken werden. Dazu passt Salat oder Gemüse.

Saure Bohnen *(Wien)*

1 Lorbeerblatt
400 g Bohnen
Essig, ½ gehackte Zwiebel, Öl, Senf, fein gehacktes Selleriegrün
Salz, 1 Prise Paprika
gebratene Wurst

Mit Lorbeerblatt gekochte, abgetropfte Bohnen werden noch heiß mit einer Marinade aus Essig, Bohnensud, gehackter Zwiebel, Öl, Senf, Selleriegrün, Salz und etwas Paprika angemacht und anschließend mit gebratener Wurst serviert.

Senfbohnen *(Wien)*

400 g Bohnen
1 Lorbeerblatt
2 Stängel Thymian
50 g klein würfelig geschnittener Selchspeck,
3 EL Butter
1 gehäufter EL Senf
1 EL Mehl
Schnittlauch

Bohnen mit Lorbeerblatt und Thymian weich kochen. Selchspeck in der Butter auslassen und mit Senf möglichst »trocken« rösten. Mit Mehl stauben und mit den gekochten Bohnen aufgießen. Nach kurzem Verkochen mit Schnittlauch bestreut servieren. Dazu passt gebratene Wurst oder Selchfleisch.

Bohnen-Blunzngröstl

4 grob gehackte Zwiebeln
3 EL Schweineschmalz
3 Blutwürste
500 g gekochte weiße Bohnen
Salz und Pfeffer, Petersilie

Die Zwiebeln goldbraun im Schmalz rösten, dann die in Scheiben geschnittene Blutwurst und die Bohnen dazugeben und durchrösten, bis die Masse knusprig ist. Ausreichend salzen und pfeffern und mit gehackter Petersilie bestreut servieren.

Bohnentopf mit Schweinsrüssel

1 kg Schweinsrüssel
400 g Bohnen, Lorbeerblatt, Pfefferkörner
1 EL Fett
2–3 Karotten
1–2 Zwiebel
1 Kräutersträußchen (Petersilie, Selleriegrün, Lauch), Knoblauch
Salz, Pfeffer, 1 Msp. Paprika
Essig

Ein Stück Schweinsrüssel (oder Schweinsohr, Schwanzerl, Selchfleisch) wird mit Bohnen, Lorbeerblatt, Pfefferkörnern, angerösteten Karotten- und Zwiebelstücken sowie einem Kräutersträußchen und einer Knoblauchzehe weich gekocht. Würzen und mit Essig abschmecken.

Bohnenfleisch *(Kärnten)*

100 g Zwiebeln
2 gepresste Knoblauchzehen
50 g Fett
500 g Schöpsenfleisch
500 g Bohnen
1 Lorbeerblatt
½ TL Bohnenkraut
1 Prise Rosmarinpulver
Salz, Essig

Zwiebel und gepressten Knoblauch anrösten, würfelig geschnittenes Schöpsenfleisch dazugeben und scharf anbraten. Mit den eingeweichten Bohnen aufgießen und mit Lorbeerblatt, Bohnenkraut und Rosmarin weich kochen. Mit Salz und Essig abschmecken.

Bohnentorte *(Wien)*

250 g Zucker
3 Eier
300 g weiße Bohnen
50 g Nüsse
Marmelade, Staubzucker

Zucker und Dotter schaumig rühren, mit den weich gekochten, passierten Bohnen, den geriebenen Nüssen und dem Schnee vermengen und backen. Die Torte wird mit Marmelade gefüllt und mit Zucker bestreut. Geschmack und Konsistenz sind ähnlich einer Kastanientorte.

Bohnenreis *(Kastanienreis-Ersatz, Wien)*

400 g weiße Bohnen
200 g Zucker
1 EL Rum oder Maraschino

Die gekochten, gut abgetropften und ausgedünsteten Bohnen werden passiert und in gesponnenem Zucker dick eingekocht. Nach dem Auskühlen mit Rum abschmecken und durch ein grobes Sieb drücken.

LITERARISCHES

»Nu gang mir aus den bohnen« (lass mich ungeschoren) ist der Kehrreim eines bei F. M. BÖHME abgedruckten Bohnenliedes im Altdeutschen Liederbuch.

Wer lützel bhalt und vil vertut,
der darf nit ston in sorgen,
Das man im zletzt vergant sein gut,
Kein Jud tut im drauf borgen.
Wer nütze ding wil achten ring,
sein selbst nit wil verschonen,
dem sagt man bald, e dass er alt:
nu gang mir aus den bonen!

Auch WALTHER VON DER VOGELWEIDE widmet unseren Bohnen ein Gedicht. Allerdings kommt »Frau Bohne« auch hier eher schlecht weg:

»Was Ehren hat Frau Bohne
dass man so von ihr singen soll?«
Sie rechte Fastenkäue
Sie ist vor und nach der None
faul und ist der Maden voll
schon von Anbeginn.
»Ein Halm ist kräftig und gut:
was er uns allen liebes tut!
er freut gar manchen seinen Mut:
wie denn um seinen Samen?
Von Grase wird der Halm zu Stroh,
er machet manches Herze froh,
er ist gut niedrig unde hoh.
Frau Bohne – seid libera nos a malo,
amen.«

Helmut Eisendle

Die Einheit des Bohnensuppe essenden Ichs im psychologischen Sinne ist vielleicht nur die Verbindung einer gewissen Anzahl von klaren und unklaren Bewusstseinszuständen während des Bohnensuppeessens innerhalb einer gegebenen Zeit, die von anderen, mehr oder weniger unklaren Zuständen des Körpers begleitet werden, welche, ohne ins Bewusstsein zu gelangen, dennoch mit oder ohne Bohnensuppeessen eine große und noch größere Wirksamkeit besitzen. Von der unwiederholbaren Einmaligkeit zwischen Geburt und Tod mit dramatischen Höhepunkten wird das Bohnensuppe essen doch nur zu einer ständigen Wiederholung eines bedeutenden Vorganges, indem es bei allen die Suche nach dem großen Etwas ist, das dann schnell wieder verschwindet, wenn es gerade Spaß zu machen beginnt, Bohnensuppe zu essen.

Die Bohnen sind die kleinsten Busen der Natur. Mikrobusen der Natur.

In einer ganzen Reihe von Märchen kommen Bohnen vor:

Strohhalm, Kohle und Bohne

Sie entkamen gemeinsam aus der Hütte einer armen alten Frau, die den Herd anfeuerte, um sich eine Bohnensuppe zu kochen. Die Kohle war dem Feuer entsprungen, die Bohne auf den Boden gefallen, der Strohhalm den Fingern der Frau entwischt und auch am Leben geblieben. Zu dritt wollten sie in ein fremdes Land. An einem Bach ereilte sie ihr Schicksal. Die Kohle blieb zu lange auf dem Strohhalm, der sich als Brücke anbot. Er fing Feuer, zerbrach und fiel ins Wasser, die Kohle hinterher und erlosch. Die Bohne, noch am Ufer, lachte so gewaltig darüber, dass sie zerplatzte. Ein Schneider, der sich am Bach ausruhte, nähte sie gutherzig wieder zusammen. Nun hatte sie eine Naht aus schwarzem Zwirn, die seitdem alle Bohnen haben.
Eine Bohne »lacht sich kaputt« und bekommt dafür ein erbliches Zeichen. Es ist die Naht, an der die Samenschale »platzt«, wenn die Bohne keimt. Die Wurzel drängt heraus. Die beiden Keimblätter folgen, dann wächst die Bohnenranke, ein weltweit verbreitetes und berühmtes Märchenmotiv.

Der Okerlo

Zauberbohne und Menschenfresser aus dem Märchen »Jack und die Bohnenranke« finden sich in einem ausgeschiedenen Text aus der ersten und zweiten Auflage der Grimm'schen Märchen, der später wieder aufgenommen wurde.
Auf seiner Insel lebt der Okerlo. Eines Tages landet ein Königstöchterchen in einer goldenen Wiege am Ufer. Okerlos Frau zieht es auf und will es mit ihrem Sohne verheiraten. Ihr Mann darf das Mädchen aber nicht sehen, damit er es nicht frisst. Als das Kind eine Jungfrau geworden ist, gefällt ihr jedoch der junge Okerlo nicht. Da kommt ein schöner Prinz angeschwommen und die beiden finden Gefallen aneinander. Die alte Menschenfresserin will nun den Prinzen bei der Hochzeit ihres Sohnes braten. Die Königskinder können aber entkommen, angetan mit einem Meilenstiefel, versorgt mit einer Wünschelrute und einem Kuchen mit einer Bohne, die auf alles Antwort gibt. »Bohne, bist du auch da?«, fragen sie dreimal und erfahren, was ihnen von den Menschenfressern droht. Jedes Mal können sie sich mit dem Zauberstab verwandeln und retten. Das letzte Mal werden sie zu Rosenstock und Biene. Da die Jungfrau den Zauberstab aus Angst weit weggeworfen hatte, müssen sie Rose und Biene bleiben. Sie sind aber schon im Garten der Königin, der Mutter des Mädchens, die ihr Kind in der goldenen Wiege ausgesetzt hatte. Die Königin erkennt und entzaubert die beiden, und bald darauf gibt es eine prächtige Hochzeit mit vielen Gästen, die tanzen bis zum hellen Tag. **»Bist du auch auf der Hochzeit gewesen?« »Jawohl! Mein Kleid war von Spinnweb, da kam ich durch Dornen, die rissen es mir ab …«**

Der Meisterdieb

Das Märchen handelt vom ungeratenen Sohn eines Bauern, der ein Muttermal auf der Schulter hatte, das wie eine Bohne aussah. Der Junge war klug und verschlagen, wollte nichts lernen und machte sich in die weite Welt auf. Nach Jahren kam er als reicher Herr vierspännig vor das ärmliche Haus seiner Eltern gefahren. Dem Vater machte er bittere Vorwürfe, dass er seinen Sohn einst nicht zu einem anständigen Menschen erzogen habe, und gab sich schließlich an seinem Bohnenmal zu erkennen. »Erschreckt euch nicht, ich bin ein Meisterdieb!«, antwortete er seinem Vater auf die Frage, wie er ein so großer Herr geworden sei. Die Mutter weinte, der Vater sah ihn am Galgen enden. Doch der Sohn war und blieb ein listenreicher Gauner und Erzdieb, der schließlich wieder das Weite suchte, und bis heute hat niemand je wieder etwas von ihm gehört.

Die Bohnen und die große weite Welt

Als billige und massenhaft vorhandene Proteinlieferanten spielten bzw. spielen die Hülsenfrüchte im Allgemeinen und die Bohnen im Besonderen in Ländern mit niedrigerem Lebensstandard eine große Rolle. Als »Kost der Armen« weltweit verbreitet, sind die Bohnen heute hauptsächlich in den so genannten Entwicklungsländern lebenswichtig. In Ländern mit großer Bevölkerungszahl und verhältnismäßig wenig landwirtschaftlich nutzbarer Bodenfläche werden sie auch weiterhin Fleischersatz bleiben. Es ist leicht einsehbar, dass ein Acker, mit Bohnen bepflanzt, mehr hungrige Mäuler zu stopfen vermag als die gleiche Fläche als Weide genutzt oder zur Produktion von Grünfutter und Heu.
In so gut wie keiner der traditionellen Regionalküchen der Welt fehlen Bohnengerichte, wenn auch vielfach nur mehr als Reminiszenz an einstige »schlechte Zeiten«. Abgesehen natürlich von den Spitzenkreationen der französischen und italienischen Küche, wie der legendären toskanischen Ribollita oder dem berühmten südfranzösischen Cassoulet, bei dem nicht weniger als vier Fleischsorten mit Bohnen, Gemüsen, Kräutern und Gewürzen zusammen gekocht werden.
Der jüdische Schalet (Tscholent) ist ähnlich zusammengesetzt und verdankt seine Entstehung dem Gebot der Sabbatruhe und der Tatsache, dass Bohnen besonders wohlschmeckend sind, wenn sie ganz langsam gegart werden. Das Gericht besteht aus Bohnen, Graupen, Rindfleisch, Geflügelstücken, verschiedenen Gemüsen und Kräutern und wird von Freitag Abend bis Samstag Mittag im Ofen ganz langsam gedünstet. Ohne Verletzung des strikten Arbeitsverbotes am Sabbat kann dann auch der gläubige Jude gut und reichlich zu Mittag essen. Früher wurden die Töpfe mit dem rohen Schalet zum Bäcker gebracht, der sie über Nacht in der Restwärme seines Backofens ganz langsam garte. Nach dem Vormittagsgottesdienst trugen Laufburschen, die man »Schaletjungen« nannte, das Gericht aus.
Besonders kennzeichnend sind Bohnengerichte für den amerikanischen Kontinent. Es sei nur an das mexikanische Chili con carne oder an die brasilianischen Feijoada completa erinnert und an die US-amerikanischen Baked Beans. Aber auch schon die Ureinwohner Amerikas schätzten die Bohne als genügsame und ertragreiche Pflanze. Schließlich haben ja die Europäer erst durch sie die Gartenbohne kennen und lieben gelernt.
Die hohe Wertschätzung der Bohne zeigen viele alte Indianermythen darüber, wie die Pflanzen entstanden sind bzw. wie sie auf die Erde kamen. Die Bohnen spielen darin eine ganz besondere Rolle.
Ägypten ist eines der wenigen Länder, in denen die altweltliche Bohne, die Saubohne (Vicia faba), ihre traditionelle Bedeutung für die Volksküche behalten hat. Das Ful Medamis ist ein Nationalgericht und wird aus urtümlichen, kleinen Saubohnen in einem speziellen enghalsigen Gefäß aus Kupfer, dem »Idra«, ganz langsam gekocht. Die mobilen Garküchen, in denen das Ful über die Gasse verkauft wurde, prägten früher das Straßenbild großer ägyptischer Städte.
Die Küche Italiens hat zwar kein spezielles Gefäß für die Zubereitung von Bohnen entwickelt, aber doch eine spezielle Methode. In der Toskana werden Bohnen mit Gewürzen und Wasser in eine Chianti-Flasche, von der man den Strohmantel entfernt hat, gefüllt und die Öffnung mit einem Stoffballen verschlossen. Früher wurden diese Bohnen in der Restwärme des Backofens nach dem Brotbacken über Nacht gegart, heute stellt man die Flasche bei 120°C drei Stunden lang in den Backofen. Das Gericht heißt Fagioli al fiasco (Bohnen in der Flasche).

Bohnensalate

La Salade Bretonne *(für 6 Personen)* Frankreich

300 g gekochte rote Rüben
300 g gekochte weiße Bohnen
300 g Vogerlsalat
1 EL gehackte Petersilie

Vinaigrette:
170 ml Olivenöl
4 EL Apfelessig
1 TL Honig
Salz, Pfeffer

Rote Rüben in Scheiben schneiden und noch warm mit den Bohnen und dem Vogerlsalat mischen. Mit Vinaigrette übergießen und mit fein gehackter Petersilie bestreuen.

Babsaláta Ungarn

125 g weiße Bohnen
1 grüne Paprikaschote
2 Tomaten
1 Zwiebel
4 EL Öl
1 EL Essig
Paprikapulver, Salz, Dille

Bohnen kochen und abtropfen lassen, mit rohen Paprikastreifen, Paradeis- und Zwiebelwürfeln vermischen und Öl, Essig und einen Teil des Kochwassers unterrühren. Mit Paprikapulver, Salz, Dille abschmecken.

Janija

Rumänien

3 Zwiebeln
Oliven- oder Sonnenblumenöl
Salz, Pfeffer
250 g weiße Bohnen
Zitronensaft
Dille

Gehackte Zwiebeln in Öl hellbraun dünsten, salzen und pfeffern. Die gekochten Bohnen dazugeben und mit Zitronensaft, Pfeffer und Dille abrunden.

Bohnensalat

Bulgarien

250 g weiße Bohnen
1 Stange Lauch
½ dl Öl
1 TL Senf
Salz, Pfeffer
1–2 Knoblauchzehen
2 EL Essig

Bohnen kochen, abtropfen lassen und mit dem geschnittenen Lauch vermischen. Mit einer Marinade aus Bohnenbrühe, Öl, Senf, Salz, Pfeffer, zerdrücktem Knoblauch und Essig übergießen.

Bohnensalat mit Kaviar

Ukraine

200 g gekochte weiße Bohnen
2 klein geschnittene süße Zwiebeln
1 Bund Petersilie
⅛ l Olivenöl
Salz und Pfeffer
250 g Kaviar

Alle Zutaten außer dem Kaviar in eine Schüssel geben und vorsichtig mischen. In Schüsseln servieren und mit Kaviar garnieren.

Zeytinyağh Barbunya

Türkei

1 Zwiebel
¼ l Olivenöl
2 Kartoffeln
3 Tomaten
3 Karotten
5–6 Spitzpaprika
4–5 Knoblauchzehen
250 g rote Bohnen
Salz, 1 TL Zucker
1 TL edelsüßer Paprika
2 EL gehackte Petersilie

Gehackte Zwiebel in Olivenöl anbraten, in kleine Würfel geschnittene Kartoffeln, Tomaten und Karotten sowie Paprikastreifen und zerdrückten Knoblauch dazugeben und weiterdünsten. Gekochte Bohnen darunter mischen und fertig kochen. Mit Salz, Zucker und Paprikapulver abschmecken und mit gehackter Petersilie bestreuen.

Bohnensuppen

Shourba Ful

Jemen

250 g Suppenknochen vom Rind oder Lamm
200 g Saubohnen
1 große Zwiebel, fein gehackt
¼ Tasse Öl
3 Knoblauchzehen, gehackt
2 Tassen Tomaten, geschält und gehackt
¼ Tasse Korianderblätter, gehackt
Salz, schwarzer Pfeffer

Suppenknochen vorkochen, Saubohnen dazugeben und ganz langsam weiterkochen. Mit gerösteter Zwiebel, Knoblauch, Tomaten und Korianderblättern vermischen und weiterkochen, bis die Suppe dick ist. Die Knochen herausnehmen, mit Salz und schwarzem Pfeffer würzen.

HEINZ
BEANS

Cocido *(Gekochtes)*

Spanien

750 g Suppenfleisch vom Rind
150 g Zwiebeln
2 EL Öl
10 Oliven
1 Knoblauchzehe
5 Tomaten
200 g grüne Paprika, gewürfelt
150 g weiße Bohnen
5 grüne Pfefferkörner
1 Prise Cayennepfeffer
Oregano, Basilikum, Salz nach Geschmack

In Würfel geschnittenes Rindfleisch und Zwiebelringe in Öl anbraten, gehackte Oliven, zerdrückten Knoblauch sowie geschälte und gewürfelte Tomaten und Paprika dazugeben und mit den eingeweichten Bohnen auffüllen. Mit grünen Pfefferkörnern, Cayennepfeffer, Oregano und Basilikum würzen und weich kochen, salzen und servieren.

Maurische Kürbissuppe *(für 6 Personen)*

Spanien

1 große Zwiebel, gehackt
3 EL Butter
150 g gekochte weiße Bohnen
250 g Kürbiswürfel
Rindsuppe oder Garflüssigkeit der Bohnen
100 g dicke Fadennudeln
Salz

Zwiebel in Butter goldbraun rösten und mit gekochten Bohnen aufgießen, Kürbisstücke dazugeben und weich kochen, passieren, mit Suppe oder Garflüssigkeit der Bohnen bei Bedarf verdünnen. Suppennudeln einkochen und salzen.

Bretonische Suppe

Frankreich

2 Zwiebeln, fein gehackt
1 zerdrückte Knoblauchzehe
½ TL Kümmel, Lorbeerblatt
350 g mageres Hammel- oder Schweinefleisch
4 EL Öl
Paradeismark
250 g weiße Bohnen
Salz

Zwiebel, Knoblauch, Kümmel und Lorbeerblatt mit dem grob geschnittenen Hammel- oder Schweinefleisch vermischen und im Öl scharf anbraten. Eine nussgroße Menge Paradeismark und die eingeweichten Bohnen dazugeben. Weich kochen und vor dem Servieren salzen.

Bonensoep Middelburg

Niederlande

30 Muscheln
3 Zwiebeln
1 Prise Pfeffer
½ l Weißwein
160 g braune Bohnen
1 kleine Sellerieknolle
4 große Kartoffeln
1 Lorbeerblatt
Salz, Petersilie
Stangenweißbrot

Muscheln in Wasser mit klein gehackten Zwiebeln und Pfeffer kochen. In Muschelwasser und Weißwein Bohnen mit Sellerie- und Kartoffelwürfeln und Lorbeerblatt kochen, salzen, mit gehackter Petersilie bestreuen und mit Stangenweißbrot servieren.

Bableves

Ungarn

250 g Bohnen
250 g geräuchertes Schweinefleisch
1 Lorbeerblatt
1 Suppengrün
200 g Kochwurst
4 EL Mehl
2 EL Fett
1 kleine Zwiebel
1 zerdrückte Knoblauchzehe
1 TL Paprikapulver
1 Schuss Essig
¼ l Sauerrahm
1 Bund Petersilie

In 1,5 l Wasser die Bohnen und das Schweinefleisch, eventuell auch gewässert, damit die Speise nicht zu salzig wird, mit dem Lorbeerblatt langsam zum Köcheln bringen. Karotten, Sellerie und Lauch klein schneiden und nach etwa 40 Minuten zu den Bohnen geben. Dann die Wurst beifügen und weitere 15 Minuten bei schwacher Hitze kochen. Eine helle Einbrenn zubereiten, die fein gehackte Zwiebel, Knoblauchzehe und Paprika unterrühren und mit etwas Essig abschrecken. Das Fleisch und die Wurst aus der Suppe herausnehmen und klein schneiden. Die Suppe mit der Einbrenn binden und kurz aufkochen lassen, das Fleisch dazugeben und den Sauerrahm unterrühren. Mit viel gehackter Petersilie bestreuen.
In Ostungarn werden Zupfnockerln in die Suppe gegeben, um sie noch ausgiebiger zu machen.

Teijfölös Babfözelèk *(Romarezept)*

Ungarn

1 Zwiebel
1 EL Öl, 1 TL Zucker, 1 EL Essig
150 g Bohnen
1 EL griffiges Mehl
¼ l Sauerrahm
geröstete Speckwürfel

Klein geschnittene Zwiebel anrösten, Zucker dazugeben und etwas karamellisieren, mit Essig ablöschen, mit Wasser aufgießen und die Bohnen beifügen, weich kochen, dann Mehl mit Sauerrahm mischen und in die Bohnensuppe einrühren. Mit braun gerösteten Speckwürfeln servieren.

Bohnensuppe mit Reibgerstl

Polen

150 g weiße Bohnen
200 g Wurzelgemüse
20 g Fett
20 g Zwiebel
Salz, Pfeffer, Petersilie

Reibgerstl: 100 g Mehl, 1 Ei, 1 EL Wasser

Bohnen kochen. Aus dem klein geschnittenen Wurzelwerk eine Gemüsesuppe zubereiten, die Bohnen dazugeben, mit gerösteter Zwiebel, Salz und Pfeffer würzen, Reibgerstl einkochen und mit Petersilie bestreut servieren.
Für Reibgerstl aus Mehl, Ei und Wasser einen festen Teig machen und nach dem Rasten mit dem Reibeisen in die Suppe reiben.

La Ribollita *(Gratinierte Bohnensuppe aus der Toskana)*

Italien

1 Zwiebel
2 Karotten
1 Stangensellerie
2 Stangen Lauch
10 EL Olivenöl
300 g weiße Bohnen
1 Peperoncino
2 zerdrückte Knoblauchzehen
1 Thymian-Zweig
250 g Selchfleisch
einige Blätter Mangold oder Spinat
Salz, Pfeffer
8 dünne Weißbrotscheiben
8 EL geriebener Parmesan

Das klein geschnittene Gemüse in Olivenöl kurz anbraten und dann mit den Bohnen, einem kleinen, scharfen Pfefferoni, Knoblauch und Thymian weich kochen und je nach Geschmack ein Stück Selchfleisch dazugeben. Die letzte halbe Stunde Mangoldblätter oder Spinat mitkochen, dann salzen und pfeffern. Anschließend zwei Drittel der dicken Suppe passieren, das Fleisch mit einem Wiegemesser fein wiegen und alles wieder zusammenmischen. Dann den Boden von feuerfesten Portionsschalen mit getoastetem Weißbrot auslegen, mit Parmesan bestreuen und mit Suppe auffüllen, nochmals mit Parmesan bestreuen und im Ofen überbacken.

Bohnensuppe

Böhmen

250 g Bohnen
2 Karotten
1 fingerdicke Scheibe Sellerie
1 Stange Lauch
1 Petersilienwurzel
1 l Fleischsuppe
Salz, 1 Prise Paprika
$^{1}/_{8}$ l Sauerrahm
100 g magerer Speck, 1 gehackte Zwiebel

Die Bohnen mit dem kleinwürfelig geschnittenen Gemüse in der Suppe weich kochen und passieren. Mit Salz und Paprika abschmecken, knapp vor dem Servieren Sauerrahm unterrühren und mit gerösteten Speck- und Zwiebelwürfeln bestreuen.

Bussecca *(Tessiner Kuttelsuppe)*

Schweiz

100 g Speckwürfel
1 Zwiebel
1 kg Wurzelgemüse
1 Stange Lauch
Kohl
1–2 Tomaten
100 g weiße Bohnen
500 g Kutteln
2–3 Kartoffeln
Salz, Pfeffer
1 Knoblauchzehe
Petersilie, Bohnenkraut
Reibkäse

Speck und gehackte Zwiebel anlaufen lassen, grob geschnittenes Suppengemüse, Kohl und Tomaten sowie die Bohnen dazugeben und kochen. 20 Minuten vor dem Garwerden geschnittene Kutteln und Kartoffeln dazugeben. Mit Salz, Pfeffer, Knoblauch, Petersilie und Bohnenkraut abschmecken und mit Käse bestreut servieren.

Lombardische Kuttelsuppe *(für 8–12 Personen)*

Italien

250 g weiße Bohnen
2 kg gereinigte Kutteln
1 Zwiebel
2 Gewürznelken
4 Wacholderbeeren
1 TL weiße Pfefferkörner
4 l Wasser
200 g durchwachsener Speck
60 g Zwiebeln, gehackt
120 g Karotten
150 g Stangensellerie
200 g Lauch
½ Krautkopf
250 g Tomaten, geschält und entkernt
250 g Kartoffeln
Salz, Pfeffer
100 g Weißbrot
1 zerdrückte Knoblauchzehe
3 EL Butter

Die Bohnen kochen. Die Kutteln in Streifen schneiden und mit einer Zwiebel, die mit den Nelken gespickt wurde, den Wacholderbeeren und den Pfefferkörnern weich kochen und abseihen. Speck auslassen, Zwiebel, Karotten, Sellerie und Lauch goldgelb anbraten, fein geschnittenes Weißkraut dazugeben und mit der Suppe aufgießen. Zuletzt Tomaten- und Kartoffelstücke dazugeben und fertig kochen. Salzen und pfeffern. Mit in Knoblauchbutter gerösteten Weißbrotwürfeln bestreut servieren.

Bohnen-Karotten-Suppe

England

120 g weiße Bohnen
1 große Zwiebel, gehackt
1 Stangensellerie, geschnitten
2 Karotten, geschnitten
¼ l Milch
Pfeffer, Salz, Muskatnuss, Petersilie

Bohnen, Zwiebel, Stangensellerie und Karotten ungefähr 40 Minuten köcheln lassen, pürieren, die Milch dazugeben und nochmals kurz aufkochen. Mit Pfeffer, Salz und Muskatnuss würzen und mit klein gehackter Petersilie bestreut servieren. Um diese Suppe ausgiebiger zu machen, kann man sie mit einer Einbrenn binden.

Minestra di farro *(Lucca, Toscana, für 10 Personen)*

Italien

5 Zwiebeln
1 Petersilienwurzel
2 Karotten
1/8 l Olivenöl
4 zerdrückte Knoblauchzehen
1 Stange Staudensellerie
1 Schuss Weißwein
1 kg Dinkel
2 kg Borlotti-Bohnen
1 kg Kichererbsen
3 Salbeiblätter
1 Zweig Rosmarin
1 kg Kartoffeln
Petersilie
Salz und Pfeffer
Pecorino

Zwiebeln, Petersilienwurzel und Karotten klein schneiden und in Olivenöl andünsten, Knoblauchzehen und geschnittene Staudensellerie dazugeben, mit etwas Weißwein ablöschen und mit Wasser aufgießen. Den eingeweichten Dinkel, die eingeweichten Hülsenfrüchte, Salbei und Rosmarin dazugeben und etwa eine halbe Stunde lang kochen, dann grob geschnittene Kartoffeln und etwas Petersilie hinzufügen und weich kochen, salzen und pfeffern. Die Bauern um Lucca streuen anschließend geriebenen Pecorino darüber.

Serbische Bohnensuppe *(für 6 Personen)*

Serbien

400 g Bohnen
250 g geräuchertes Bauchfleisch
4 Stangen Lauch
2 Lorbeerblätter
5 Wacholderbeeren
2 Gewürznelken
30 g Butter
1 EL Mehl
Salz, Majoran, Pfeffer, Essig
2–3 EL Schlagobers

Bohnen und geselchtes Bauchfleisch mit fein geschnittenem Lauch, Lorbeerblatt, Wacholderbeeren und Gewürznelken weich kochen. Fleisch in Stücke schneiden, die Hälfte der Bohnen passieren, leicht einbrennen und mit Salz, Majoran, Pfeffer und Essig abschmecken. Zum Schluss Obers einrühren und zusammenmischen.

Lobio

Kaukasus

400 g rote Bohnen
1 kleine Zwiebel
1 Knoblauchzehe, gehackt
Salz, Dille, Petersilie, Koriandergrün
Pfeffer, Essig
120 g Walnüsse

Rote Bohnen halb gar kochen, gehackte Zwiebel und Knoblauch dazugeben und weich kochen. Passieren und mit Salz, Dille, Petersilie, Koriandergrün, Pfeffer und Essig würzen und zerkleinerte Walnüsse hinzufügen.

Schomcchantchups *(Bohnensuppe mit Kastanien)*

Kaukasus

200 g Bohnen
200 g Esskastanien, Salz
1–2 Zwiebeln
50 g Butter
40 g Kräuter (Petersilie, Koriander, Bohnenkraut)

Bohnen halb gar kochen, geschälte, enthäutete Kastanien dazugeben und fertig kochen, salzen. Mit gerösteten Zwiebeln verfeinern und mit frischen Kräutern bestreut servieren.

Maushawa *(Bohnensuppe mit Fleischbällchen, für 6 Personen)*

Afghanistan

je 50 g rote Bohnen, gelbe Erbsen, Mungbohnen und Rundkornreis
250 g Rinder- oder Lammfaschiertes
Salz, Pfeffer, Chilipulver, Zimt
1 große Zwiebel
½ Tasse Öl
½ Tasse Tomaten, geschält und gehackt
1 EL gehackte Dille
1 Tasse Jogurt

Rote Bohnen eine Stunde kochen, gelbe Erbsen und Mungbohnen dazugeben und weitere 30 Minuten kochen, gewaschenen Reis hinzufügen und ziehen lassen, bis alle Zutaten weich sind. Faschiertes mit Salz, Pfeffer, Chili und Zimt gut durchkneten, haselnussgroße Kügelchen formen. Die gehackte Zwiebel in Öl hellbraun dünsten, die Fleischbällchen dazugeben und braun werden lassen, mit Wasser aufgießen, geschälte und entkernte Tomaten dazugeben und 30 Minuten dünsten. Mit den übrigen Zutaten mischen und mit Dille, Salz, Jogurt und eventuell Chili abrunden.

FEUILLE

DAS GESUNDHEITSMAGAZIN

Brüssel, 1. April 2020

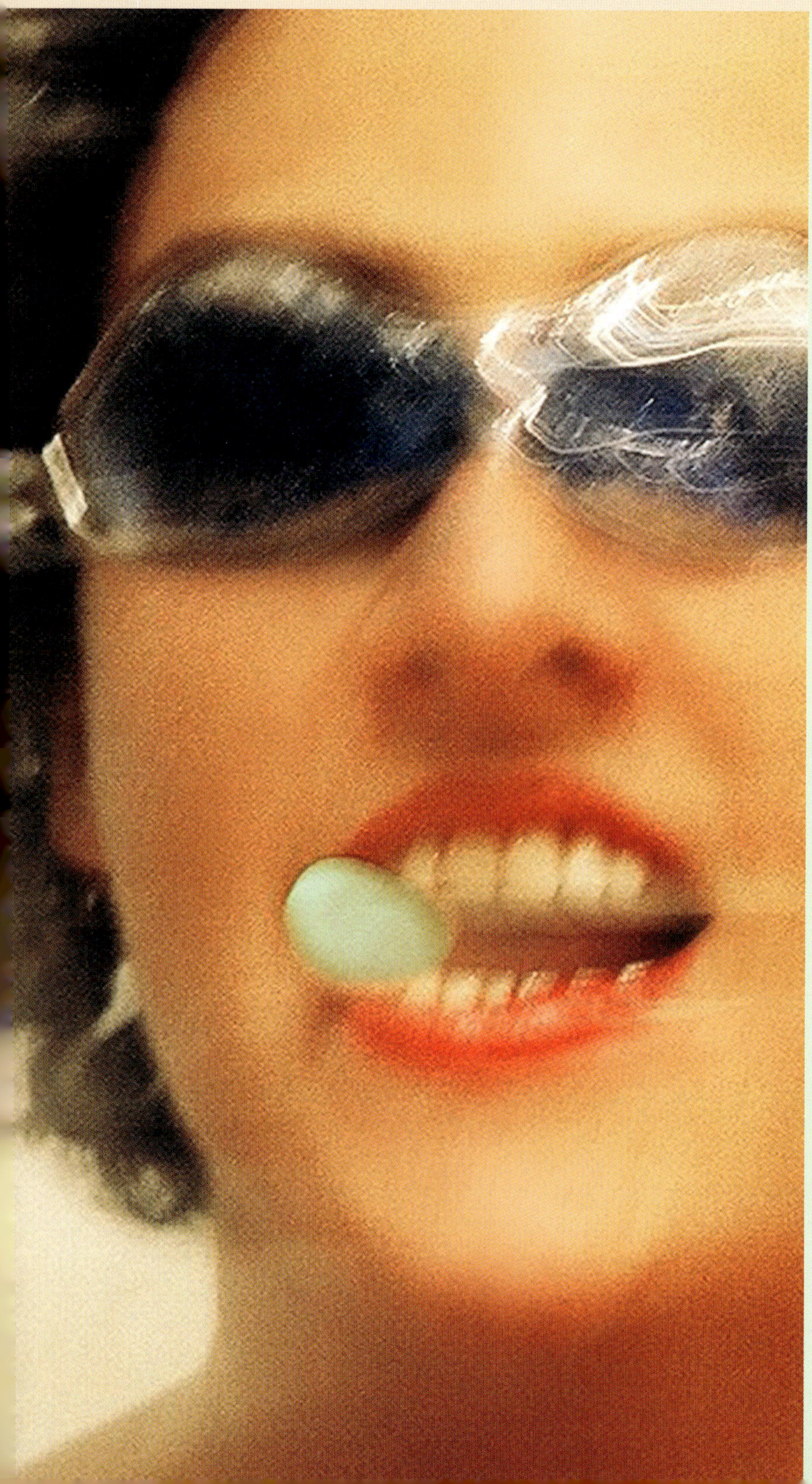

DIE BOHNEN EROBERN DIE WELT

Um dem durch Rinderwahn und Schweinepest verursachten Mangel an Fleisch zu begegnen und Engpässen in der Versorgung der Menschheit mit Proteinen entgegenzuwirken, hat die Agrarkommission der Europäischen Union eine für alle Mitgliedstaaten bindende Verordnung erlassen. Die Bauern werden darin verpflichtet, auf allen brach liegenden und mindestens 30% der bewirtschafteten Flächen Bohnen auszusähen. Dabei ist der widerstandsfähigen Vicia-Faba-Bohne gegenüber der empfindlichen Phaseolus-Bohne der Vorzug zu geben, weil diese den in den letzten Jahrzehnten dramatisch verschlechterten Klimabedingungen besser gewachsen ist. Ob es der Bohne gelingen wird, einmal mehr in der Geschichte der Menschheit deren überleben zu ermöglichen, wird die Zukunft weisen. *Die Redaktion*

Unasch

Usbekistan

300 g Hammelfleisch
160 g weiße Bohnen
1 kleine Zwiebel
6 EL Hammelfett
1 Prise Cayennepfeffer, Salz
6 EL Weizenmehl, 1 Eidotter, etwas Wasser
½ l saure Milch

Hammelfleisch und Bohnen mit kaltem Wasser zustellen und langsam weich kochen. Mit gerösteter Zwiebel, Cayennepfeffer und Salz abschmecken. Aus Mehl und Ei mit etwas Wasser einen festen Teig machen, ausrollen und in breite Streifen schneiden, in die Suppe einkochen. Zum Schluss saure Milch einrühren.

Fisolen-Käse-Suppe

Schweiz

1 EL Mehl, 1 EL Butterschmalz
¾ l Hühnerfond
2 Ecken Schmelzkäse
500 g gekochte Fisolen
1 Karotte
Muskatnuss
Salz und Pfeffer

Das Mehl im Butterschmalz anlaufen lassen, mit Suppe aufgießen und den Käse langsam darin schmelzen. Die vorgekochten Fisolen dazugeben und die Karotte mit dem Sparschäler in länglichen Streifen hineinhobeln. Mit Muskatnuss, Salz und Pfeffer würzen.

Kalte Bohnencremesuppe

Peru

1 Stange Lauch, 1 Zwiebel, 2 EL Öl
500 ml Gemüsefond
125 g Bohnen
2–3 EL Créme Fraîche
Salz, Pfeffer, Chilipulver
Petersilie

Lauch nudelig und Zwiebel klein würfelig schneiden und in Öl leicht anschwitzen, mit Gemüsesuppe aufgießen und die Bohnen dazugeben. Wenn alles weich gekocht ist, passieren, Créme Fraîche, Salz, Pfeffer und Chilipulver dazugeben, durchrühren und kalt stellen. Schmeckt hervorragend mit gebackener Petersilie und einem Löffel Créme Fraîche.

TENUTA CASTELLO
SALUGGINI
NUOVO RACCOLTO

Bohnengemüse

Porotos Ricos *(für 6–8 Personen)*

Chile

750 g Bohnen
1 reifer Kürbis
Butter, Mehl, Milch für Bechamel
1 Zwiebel
4 Jungzwiebeln
1 Dose Paprika
2 eingelegte Pfefferoni
geriebener Käse

Bohnen kochen, die Hälfte passieren, Kürbis braten, passieren. Butter zerlassen, Mehl einrühren, mit Milch aufgießen und zu einer sämigen Bechamelsauce einkochen lassen. Bohnen und Kürbismasse beifügen. Zwiebeln fein hacken, eingelegte Paprika und Pfefferoni pürieren und mit den ganzen Bohnen mischen. Eine Auflaufform abwechselnd mit passierten und ganzen Bohnen füllen, mit geriebenem Käse, fein gehacktem Paprika und Butterflocken bestreuen und im Rohr goldgelb backen.

Porotos Argentinos *(für 6–8 Personen)*

Argentinien

750 g Bohnen
2 EL Obers
1/2 l Suppe
Pfeffer, Salz
2 Zwiebeln
1 Ei
Fett zum Ausbacken
geröstete Weißbrotscheiben
geriebener Käse zum Gratinieren
Butterflocken

Bohnen kochen, die Hälfte davon passieren, mit Obers und Suppe verrühren und mit Pfeffer und Salz würzen. Zwiebeln in Scheiben schneiden, durch verschlagenes Ei ziehen und in Fett backen, Weißbrotscheiben anrösten. Schichtweise Brot, unpassierte Bohnen, Zwiebel und passierte Bohnen in eine Auflaufform geben, mit Käse bestreuen, Butterflocken aufsetzen und im Rohr goldgelb überbacken.

Frijoles refritos *(gebratene Bohnen)*

Mexiko

200 g gekochte Bohnen
3 EL Selchspeckwürfel oder Schmalz
1 EL Zwiebelwürfel
4 EL geriebener Käse

Gekochte Bohnen grob passieren und in heißem Schmalz oder ausgelassenem Selchspeck mit angelaufenen Zwiebeln so lang braten, bis sie trocken sind. Mit Käse bestreut servieren.

Bohnendahl

Burma

je 1 TL schwarze Senfkörner und Kreuzkümmel
5 Pfefferkörner
1 EL Butterschmalz
300 g Bohnen
Gelbwurz, Ingwer
1 Lorbeerblatt
3 Karotten
2 Tomaten, evt. Stangensellerie
Reis, Kokosflocken

Senfkörner, Kreuzkümmel und Pfefferkörner in Butterschmalz anrösten, die Bohnen dazugeben und mit Wasser bedecken, Gelbwurz, Ingwer und Lorbeerblatt hinzufügen und circa 1 Stunde zugedeckt kochen. Dann das klein geschnittene Gemüse dazugeben und alles so lang kochen, bis es eine breiige Konsistenz hat. Dazu wird Kokosreis – Reis, der mit Kokosflocken gekocht wurde – gereicht.

Boston Baked Beans *(Gebackene Bohnen, für 6-8 Personen)*

Amerika

600 g Bohnen
75 g brauner Zucker
1/8 l Rübensirup
2 TL Senfpulver
2 TL Salz
1 mittelgroße Zwiebel
175 g Bauchfleisch, frisch oder gesurt, in drei Scheiben geschnitten

Halb gar gekochte Bohnen mit braunem Zucker, Rübensirup, Senfpulver und Salz gut vermischen. Die Zwiebel und 2 Schnitten Bauchfleisch in die Bohnen drücken, 1 Schnitte obenauf legen und zugedeckt ganz langsam im Rohr 7–8 Stunden bei 140 °C garen. Nicht austrocknen lassen, zuletzt abdecken und zum Schluss knusprig überbacken.

Cowpoke Beans *(für 6–8 Personen)*

Amerika

125 g Rindertalg, gehackt
1 große Zwiebel, gehackt
1 Knoblauchzehe, gehackt
4 Tomaten, geschält und gehackt
6 EL gehackte Petersilie
½ TL getrockneter Majoran
½ TL gemahlener Kreuzkümmel
1½ TL Chilipulver
1 Schinkenknochen
1 rote Chilischote
500 g Bohnen
2 TL Salz
1 EL Paprikapulver

In ausgelassenem Rindertalg Zwiebeln und Knoblauch anlaufen lassen, Tomaten, Petersilie, Majoran, gemahlenen Kreuzkümmel, Chilipulver und die mit einem Schinkenknochen und einer Chilischote gekochten Bohnen dazugeben, würzen und gut durchkochen.

Grünes Bohnengemüse

Israel

200 g Fisolen
Salz, Wasser
etwas Obst (je nach Saison) oder Marmelade
1 TL Zucker
1 EL Mehl
1 EL Gänseschmalz

Die grünen Bohnen waschen und klein schneiden, dann in Salzwasser kochen. Inzwischen das Obst in gezuckertem Wasser dünsten. Eine helle Einbrenn aus Mehl und Gänseschmalz mit dem Kochwasser der Bohnen glatt rühren, die gekochten Bohnen darin eindicken lassen und das Kompott dazugeben.

ES GIBT KEINE KULINARISCHEN URHEBERRECHTE

Bohnen provençalische Art

Frankreich

2 EL Olivenöl
1 große Zwiebel
2 Zucchini
2 Melanzani
Salz, Pfeffer
2 Knoblauchzehen
1 EL Kräuter der Provençe
1 Tomate, geschält und geviertelt
½ l Hühnersuppe
400 g gekochte weiße Bohnen
Basilikum

In heißem Öl Zwiebel-, Zucchini- und kurz eingesalzene und trocken getupfte Melanzanistücke anbraten. Mit Salz, Pfeffer, gepresstem Knoblauch und provençalischer Kräutermischung würzen. Tomatenstücke hinzufügen und kurz dünsten, mit der Hühnersuppe ablöschen. Die gekochten Bohnen dazugeben und mit gehackten Basilikumblättern bestreuen.

Pistou

Frankreich

2 klein geschnittene Zwiebeln
3 EL Olivenöl
2 klein geschnittene Karotten
1 klein geschnittene Zucchini
2 gekochte Kartoffeln
1 Dose geschälte Tomaten
etwas Weißwein, ¼ l Gemüsefond
200 g gekochte weiße Bohnen

Marinade:
5 zerdrückte Knoblauchzehen und 1 großer, klein gehackter Bund Petersilie, mit Öl gemischt
Salz, Pfeffer, Parmesan zum Bestreuen

Zwiebel in Öl anschwitzen, dann die klein geschnittenen Karotten, Zucchini, Kartoffeln und Tomaten dazugeben, mit einem Schuss Weißwein ablöschen und mit Gemüsefond kurz aufkochen lassen. Die gekochten Bohnen beifügen und so lange kochen, bis das Gemüse weich ist. Vor dem Servieren salzen, pfeffern, die Knoblauch-Petersilienpaste einrühren und mit Parmesan bestreuen.

Fisolen mit Schinken

Spanien

500 g grüne Bohnen
1 Zwiebel
2 Knoblauchzehen
4 EL Olivenöl
100 g Rohschinken
1 EL Sherryessig, Salz, Pfeffer

Bohnen bissfest kochen. Zwiebel und Knoblauch klein schneiden und glasig in Olivenöl andünsten, Schinken klein schneiden und kurz mitrösten, mit Essig ablöschen und eine Minute ziehen lassen. Über die noch warmen Bohnen geben, salzen und eventuell pfeffern. Dazu passen gebratene Kartoffeln mit Rosmarin oder eine Tortilla.

Rote Bohnen in Olivenöl

Türkei

200 g rote Bohnen
1 kleine Zwiebel
100 g gehackte Zwiebeln
1 Karotte, in Scheiben geschnitten
50 ml Olivenöl
800 ml Hühnerbrühe
1 TL Zucker
1 TL Tomatenpüree
1–2 Tassen Reis
2 Bund gehackte Petersilie, Salz

Bohnen mit der kleinen Zwiebel zum Kochen bringen und circa eine Stunde zugedeckt köcheln lassen. Gehackte Zwiebeln und Karotte in Olivenöl anschmoren, mit Brühe ablöschen, zuckern, Tomatenpüree und die gekochten Bohnen zugeben, salzen und alles zusammen weitere 30 Minuten köcheln lassen. Ziehen lassen und lauwarm mit gekochtem Reis und viel gehackter Petersilie servieren.

Westfälisches »Blindhuhn«

Deutschland

Weiße Bohnen, Karotten, Kartoffeln, Äpfel und Speck zusammen kochen und mit Petersilie bestreut servieren. Zum »Bunten Hund« gehören auch noch grüne Bohnen.

Tortilla mit Bohnen und Mangold

Spanien

1 gehackte Zwiebel
4 gepresste Knoblauchzehen
1 kleine Chilischote
Olivenöl
500 g Mangoldblätter
200 g gekochte weiße Bohnen
5 Eier, Salz

Zwiebel, Knoblauch und Chilischote in Olivenöl vorsichtig braten, gewaschenen, klein geschnittenen Mangold und Bohnen dazugeben und circa 5 Minuten mitkochen. Diese Masse dann in die verquirlten Eier geben, salzen und in einer flachen Pfanne bei kleiner Hitze 5 Minuten backen, dann mit Hilfe eines Tellers wenden und auf der anderen Seite ebenfalls goldbraun backen.

Grüne Bohnen in Olivenöl

Türkei

1 klein gehackte Zwiebel
500 g grüne Bohnen, in Stücke von 2,5 cm geschnitten
2 Pfefferoni, klein gehackt
1 TL Salz
1 TL Tomatenpüree
5 EL Olivenöl
200 ml Wasser
1 TL Zucker
100 g Tomaten, enthäutet und fein gehackt

Zwiebel, Bohnen, Pfefferoni, Salz und Tomatenpüree leicht in Öl anschwitzen, dann Wasser, Zucker und Tomaten dazugeben und alles weich kochen. Im Topf abkühlen lassen und kalt servieren.

Bruna Bönor

Schweden

400 g braune Bohnen
1½ TL Salz
½ Tasse Essig
½ Tasse brauner Sirup
1 EL brauner Zucker

Bohnen weich kochen und mit Salz, Essig, braunem Sirup und braunem Zucker vermischen.

Macco di fava *(Kalabrien)*

Italien

200 g geschälte Saubohnen
1 Zwiebel
2 geschälte Tomaten
2 TL Olivenöl
Pfeffer, Salz und Käse

Bohnen und Zwiebel weich kochen, die geschälten Tomaten und Olivenöl dazugeben. Würzen und mit Käse bestreut servieren.

Rheinisches Sauerkraut

Deutschland

200 g weiße Bohnen
400 g durchwachsener Speck
1 Lorbeerblatt
6 Wacholderbeeren, Pfefferkörner
500 g Sauerkraut
Salz
Zucker
20 g Schmalz
2 Zwiebeln

Bohnen und Speck mit Lorbeerblatt, Wacholderbeeren und Pfefferkörnern halb gar kochen, Sauerkraut dazugeben und fertig kochen. Mit Salz und einer Prise Zucker würzen. Mit in Schmalz gerösteten Zwiebelringen anrichten.

Bohnen-Kartoffelpüree

Italien

1 kg Kartoffeln
500 g weiße Bohnen
1/8 l Milch
5 EL Olivenöl
Muskatnuss, Pfeffer, Salz, Basilikum, Knoblauch, Parmesan

Geschälte Kartoffeln und Bohnen weich kochen, abseihen, salzen und zerdrücken. Heiße Milch unterrühren, mit Muskatnuss und Pfeffer würzen und auf ein befettetes Backblech streichen. Aus Basilikum, Knoblauch und Parmesan mit Olivenöl eine cremige Paste mixen und auf das Kartoffel-Bohnenpüree streichen. Bei 200°C circa 15 Minuten im Backrohr überbacken.

Matevž

Slowenien

200 g Bohnen
250 g Kartoffeln, geschält und geviertelt
1 große Zwiebel, gehackt
2 Knoblauchzehen, zerdrückt
Salz, Pfeffer, gehackte Petersilie
50 g Speckwürfel

Bohnen kochen, zuletzt Kartoffeln mitkochen, passieren und mit fein gehackter Zwiebel, Knoblauch, Salz und Pfeffer vermischen. Mit gebratenen Speckwürfeln und frischer Petersilie bestreut servieren.

Bob

Bulgarien

½ TL Paprikapulver
1–1½ EL Öl
300 g weiße und braune Bohnen
2–3 dl saure Milch
2–3 Knoblauchzehen, Salz

Paprikapulver in Öl ganz leicht anrösten und dann die gekochten, abgetropften Bohnen dazugeben, salzen. Die Bohnen mit gut verrührter, mit Knoblauch gewürzter saurer Milch übergießen und im Rohr überbacken. Dazu serviert man gebratene Eier, gedünstete Innereien, Fleischlaibchen sowie Salat.

Ful Medamis

Ägypten

200 g kleine Saubohnen
Salz
3 Knoblauchzehen
1 Prise gemahlener Kreuzkümmel
4 Eier
Zitronenspalten, Olivenöl, Pfeffer

Bohnen bei sehr schwacher Hitze langsam kochen, mit Salz, Knoblauch und gemahlenem Kreuzkümmel abschmecken. Mit einem hart gekochten Ei pro Person servieren und Zitronenspalten, Olivenöl und Pfeffer dazu reichen. Das Ei wird auf dem Teller mit der Gabel zerdrückt und unter die Bohnen gemischt.

Sheved Baghala *(für 8 Personen)*

Irak

400 g Langkornreis, gewaschen und 2 Stunden geweicht
Salz
125 g dicke Bohnen, geschält und gekocht
125 g Butter
1 Bund Dille, gehackt
4 EL heißes Wasser
Safranfäden nach Belieben

Den Reis mit den Bohnen in reichlich Salzwasser 7–8 Minuten kochen, abtropfen lassen und abspülen. Butter in dem heißen Wasser schmelzen und die Hälfte davon in den Topf geben. Reis und Bohnen mit der Dille mischen und beifügen. In der Mitte ein Loch machen und zugedeckt 5 Minuten bei mittlerer Hitze dämpfen. Den Rest des Butterwassers darüber träufeln und bei ganz schwacher Hitze zugedeckt 40 Minuten dämpfen. Am Boden des Topfes soll sich eine Kruste bilden. Damit sich diese löst, den Topf 5 Minuten auf eine kühle Platte stellen. Beim Servieren wird der Reis mit diesen Krustenstücken verziert.

Grüne Bohnen mit Joghurtsauce *(für 6 Personen)*

Indien

1 kg Fisolen
2 EL Butterschmalz
½ TL Kurkuma
½ TL schwarze Senfkörner
½ TL gemahlener Ingwer
1 grüne Chilischote
1 TL brauner Rohrzucker
2 EL Kichererbsenmehl
¼ l Naturjoghurt
2 TL Zitronensaft
Pfeffer

Die Bohnen bissfest kochen. Inzwischen Butterschmalz erhitzen und die Gewürze, Chili und den Zucker kurz rösten, dann Kichererbsenmehl dazugeben und mit Wasser aufgießen. Joghurt und Zitronensaft hinzufügen und zu einer glatten Sauce rühren. Über die gekochten Bohnen gießen und etwas pfeffern.

Dill Beans

500 g Spaghetti- oder Stringbohnen
1 TL Fenchelsamen
1 kleine Zwiebel
1 Chilischote
5 EL Brösel

Béchamelsauce: 6 TL Butter, 6 TL Mehl, ½ l Milch

Die Bohnen werden in mundgerechte Stücke geschnitten und in Wasser mit Fenchelsamen circa 40 Minuten gekocht. Béchamelsauce zubereiten, geschnittene Zwiebel und etwas Chili hinzuzufügen und eindicken lassen. Die abgetropften Bohnen in eine Kasserolle geben, die Brösel darüber streuen und mit Béchamelsauce übergießen. Im Backofen circa 20 Minuten bei 250 °C backen.

ohne

OHBEN

BOHNE

Bohneneintöpfe

»Hopping John« *(traditionelles Gericht für den Neujahrsmorgen, für 6 Personen)*

Amerika

1 geselchte Stelze, in Teile gehackt
1 Zwiebel, gehackt
½ TL Chilipulver
250 g Augenbohnen
200 g Reis
1 TL Salz

Selchstelze mit Zwiebel und Chili anbraten, aufgießen, die Bohnen hinzufügen und langsam gar kochen. Reis hinzufügen, salzen und ziehen lassen, bis der Reis weich ist.

Feijoãda completa *(für 8–10 Personen)*

Brasilien

350 g gepökeltes, getrocknetes Rindfleisch
1 Schweinshaxe
1 Schweinsohr
1 Schweineschwanz
250 g geräuchertes Schweinefleisch
125 g geräucherte Zunge
125 g durchwachsener Speck
500 g schwarze Bohnen
250 g geräucherte Kochwurst

Chilisauce:
60 g Bratwurstmasse, 1 Zwiebel, gehackt
1 Frühlingszwiebel, gehackt, 2 EL Öl
1 Knoblauchzehe, zerdrückt
½ TL Cayennepfeffer, Salz

Fleisch und Bohnen getrennt fast weich kochen, dann zusammenschütten und weiterkochen, bis das Fleisch vom Knochen fällt und die Bohnen sich leicht pürieren lassen.
Für die Sauce die Wurstmasse und die Zwiebeln bei schwacher Hitze in Öl anbraten, dann den Knoblauch und den Cayennepfeffer dazugeben und braun braten. 150 Gramm der gekochten Bohnen hinzufügen, zerdrücken und mit etwas Kochflüssigkeit zu einer dicken Sauce einkochen. Zum Fleisch und den Bohnen geben und fertig kochen, würzen. Vor dem Servieren das Fleisch in Stücke teilen, mit Bohnen garnieren und mit Garflüssigkeit beträufeln. Die restlichen Bohnen werden mit der Flüssigkeit in einer separaten Schüssel serviert.

Frackh *(für 8–10 Personen)*

Marokko

200 g Bohnen
200 g Kichererbsen
2 Kalbshaxen mit Stelze, in Teile gehackt
1 Bund Petersilie, gehackt
4 Knollen Knoblauch, in Zehen zerteilt, nicht geschält
6 mittelgroße Kartoffeln
10 Eier in der Schale
1 EL Salz
1 EL gemahlener Kreuzkümmel
½ TL Chilipulver
2 EL Paprikapulver
¼ l Olivenöl

Alle Zutaten in einen großen Topf geben, aber nicht vermischen, mit Wasser bedecken und ganz langsam mindestens 4 Stunden zugedeckt kochen, dabei immer wieder prüfen, ob noch genügend Flüssigkeit vorhanden ist. Servieren.

Fabada Asturiana

Spanien

2 Knoblauchzehen
4 EL Olivenöl
½ Zwiebel, gehackt
125 g Weißkraut, fein nudelig geschnitten
125 g grüne Paprika, fein nudelig geschnitten
250 g Surfleisch
125 g Tomaten, geschält und geviertelt
250 g gekochte weiße Bohnen
Salz, Pfeffer
125 g geräucherte Kochwurst
½ Bund Petersilie, gehackt

Knoblauchzehen in Olivenöl anbraten und entfernen, im gleichen Öl Zwiebel, Weißkraut, grüne Paprika und Schweinefleisch, alles in Streifen geschnitten, anrösten. Tomaten dazugeben, wenn nötig aufgießen und gar dünsten. Die gekochten Bohnen dazugeben, salzen und pfeffern. Gebratene Rauchwurstscheiben hinzufügen und mit Petersilie bestreut anrichten.

Favata *(Fabada)*

Sardinien

400 g Bratwürste
1 große Zwiebel, geschnitten
4 EL Öl
2 Knoblauchzehen, zerdrückt
300 g Bohnen
100 g Bauchspeck mit Schwarte
400 g Kohl
400 g Fenchelknollen
Salz, Pfeffer
1 Bund glatte Petersilie, gehackt
5 EL geriebener Pecorino

Bratwürste mit Zwiebel in Öl anbraten, mit Knoblauch würzen, die halb gar gekochten Bohnen und den Speck dazugeben, nach 30 Minuten fein geschnittene Kohlblätter und Fenchelknollen hinzufügen und fertig kochen. Mit Salz, Pfeffer und Petersilie würzen und mit geriebenem Käse bestreut servieren.

»Gold und Silber«

Deutschland

300 g weiße Bohnen
300 g Schweinefleisch, in Würfel geschnitten
600 g Karotten, in Scheiben geschnitten
500 g Kartoffeln in Würfeln
50 g Speckwürfel
1 Zwiebel, gehackt
1 Knoblauchzehe, fein gehackt
Pfeffer, Salz
Apfelessig

Bohnen mit Fleisch, Karotten und Erdäpfeln kochen. Speck und Zwiebel glasig dünsten, zuletzt Knoblauch mitdünsten. Unter die Bohnen mischen und mit Pfeffer, Salz und Essig abschmecken.

Guernsey Bean Jar *(Bohnentopf von der Insel Guernsey)* England

500 g weiße Bohnen
1 Schweinshaxe
1 Markknochen
300 g Kutteln
500 g Zwiebeln, 500 g Karotten
je 1 Zweig Thymian, Salbei, Petersilie
Salz

Alle Zutaten mit Wasser bedeckt 8 Stunden ganz langsam kochen lassen, salzen und servieren.

Le Cassoulet de Castelnaudary *(für 8 Personen)* Frankreich

800 g weiße Bohnen
300 g Bauchfleisch
200 g Schwarteln, streifenweise gerollt und gebunden
1 Karotte
1 Zwiebel, mit 2 Nelken gespickt
5 Knoblauchzehen, zerdrückt
2 Bouquets garnis
750 g Schweinerippen ohne Knochen
500 g Lammschulter ohne Knochen
10 cl Gänsefett
Salz, Pfeffer
1 EL Tomatenpüree
2 große Zwiebeln, gehackt
3 dl Suppe
100 g Knoblauchkochwurst
100 g luftgetrocknete Wurst
Semmelbrösel

Bohnen mit Bauchfleisch, Schweineschwarte, Karotte, mit Nelken gespickter Zwiebel, einem Teil der Knoblauchzehen und einem Bouquet garni kochen. Inzwischen das Fleisch in der Hälfte des Gänsefetts anbraten, salzen und pfeffern, Tomatenpüree, gehackte Zwiebeln, den restlichen Knoblauch und das zweite Bouquet garni dazugeben, mit Suppe aufgießen und dünsten. Sobald die Bohnen gar sind, Schwarte und Gemüse herausnehmen, salzen, das Fleisch samt Flüssigkeit, Knoblauchwurst und luftgetrocknete Wurst dazugeben und weiterkochen. Die Flüssigkeit abseihen und zum Nachgießen aufheben, Wurst und Fleisch in Stücke schneiden und mit den abgetropften Bohnen in einen Topf schichten, die letzte Schicht muss Bohnen sein. Mit Garflüssigkeit ungefähr bis zu ¾ der Höhe auffüllen, mit Semmelbröseln bestreuen, mit Gänsefett beträufeln und im Rohr überbacken. Dabei immer wieder, bis zu sieben Mal, die Kruste aufbrechen, damit sie besonders dick und knusprig wird. Wenn nötig, Garflüssigkeit nachgießen.

Schalet *(Tscholent, jüdisches Sabbatgericht, für 6 Personen)*

1 kg fettes Rindfleisch, in Stücken
2 EL Rinder-, Gänse- oder Hühnerfett
2 Markknochen
3 mittelgroße Zwiebeln, gehackt
6 mittelgroße, geschälte Kartoffeln
1 Knoblauchzehe, gehackt
100 g Bohnen
1 Tasse Rollgerste (Graupen)
Salz, Pfeffer, Paprika

Den Boden eines schweren Topfes mit Fettstücken auslegen oder mit ausgelassenem Fett bedecken. Darauf schichtet man Fleisch, Markknochen, Zwiebeln, Kartoffeln und Knoblauch, schüttet die Bohnen und die Rollgerste darüber und bedeckt die Zutaten mit Wasser. Anschließend würzen. Mit fest verschlossenem Deckel bei milder Hitze im Rohr stundenlang garen, zuletzt soll die Flüssigkeit fast ganz verdunstet sein.

Osteuropa

Schalet mit Knejdlach *(für 4–6 Personen)*

500 g Rindfleisch, in Würfeln
1 Zwiebel, gehackt
2 EL Öl
1 Tasse Bohnen
½ Tasse eingeweichte Rollgerste (Graupen)
3 Zehen Knoblauch, zerdrückt
6 kleine Kartoffeln, geschält
¼ TL Pfeffer
2 TL Salz

Knejdlach: 2 Eier, 2 EL Öl oder Gänseschmalz, 2 EL kaltes Wasser, ½ TL Salz,
¾ Tasse Mazzemehl oder Semmelbrösel

Fleisch und Zwiebel in einem schweren Topf anbraten, Bohnen und Rollgerste sowie den Knoblauch dazugeben, mit Wasser reichlich bedecken und 3–4 Stunden langsam kochen. Aus Brösel, Fett, Salz und etwas Wasser einen festen Teig machen, 20 Minuten rasten lassen, zu einer Rolle formen, zu den Bohnen geben und weiterkochen. Wenn alles gar ist, den Knödel herausnehmen und in Scheiben schneiden, das Schalet salzen und mit den Knödelscheiben anrichten.

Süßes aus Bohnen

Montblanc

Schweiz

½ l Milch
1 Vanilleschote
80 g Kristallzucker
200 g gekochte Aduki-Bohnen
300 g gekochte Kastanien
250 g Obers
Schokoladesplitter

Die Milch erhitzen, die Vanilleschote auskratzen, mit dem Zucker, den Bohnen und den Maroni in die Milch geben und circa 30 Minuten köcheln lassen. Dann alles fein passieren, in einen Spritzsack füllen und auf Dessertteller in Form eines Hügels spritzen. Obenauf geschlagenes Schlagobers geben und mit Schokoladesplittern garnieren.

BB-Salat

Italien

50 g Borlottibohnen
50 g Canellinibohnen
50 g schwarze Bohnen
je 50 g Heidelbeeren, Ribisel und Brombeeren
½ Flasche Prosecco, 2 EL Zucker, 2 Zitronen
3 EL Pistazienkerne
Himbeeren, Minzeblätter

Alle drei Bohnensorten getrennt kochen und abseihen. Heidelbeeren, Ribisel und Brombeeren unterheben. Eine Marinade aus Prosecco, Zucker und Zitronensaft dazugeben und vorsichtig unterheben. Grob gehackte Pistazienkerne darüberstreuen und mit Himbeeren und Minzeblätter garnieren.

Habas

Südamerika

100 g Bohnenmehl
3 EL Zucker
5 EL Butter

Bohnenmehl mit Zucker in Butter rösten. Dazu werden frische Früchte gegessen.

Bohnen-Schoko-Chili-Sauce

Mexiko

Vorgekochte schwarze Bohnen passieren und mit im Wasserbad geschmolzener kakaohältiger (80 %) Schokolade verrühren. Kleine scharfe Chilis im Mörser zerstampfen und unterheben. Gut verrühren und eventuell etwas Öl zugießen. Mindestens 3 Stunden ziehen lassen.

Ödenburger Bohnentorte

Ungarn

3 Eier
200 g Zucker
2 EL Brösel
250 g Bohnen
5 EL Haselnüsse
1 Msp. Natron
Ribiselmarmelade
Zuckerglasur

Eier trennen, Dotter und Zucker schaumig rühren, Brösel, gekochte passierte Bohnen, Haselnüsse und Natron einrühren und die steif geschlagenen Eiweiß vorsichtig unterheben. In eine gebutterte, mit Mehl gestaubte Form geben und bei mittlerer Hitze eine Dreiviertelstunde backen. Auskühlen lassen, in der Mitte durchschneiden und mit Marmelade bestreichen. Zum Schluss mit Zuckerglasur überziehen oder mit Staubzucker bestreuen.

Babos

Brasilien

2 Kochbananen
1 EL Butter
2 EL Zucker
1 EL Honig
50 g Rosinen
1 Glas Beerenauslese oder süßer Wein
150 g gekochte rote Bohnen
1 TL Zimt
125 g Schlagobers

Kochbananen in schräge, circa 1 Zentimeter lange Stücke schneiden und in Butter mit etwas Zucker und Honig goldbraun braten. Die Rosinen im Wein quellen lassen. Eine Auflaufform mit Backpapier auslegen, die Bananen einschichten, dann die zerdrückten Bohnen, Zimt, das steif geschlagene Schlagobers und Rosinen darüber geben. Je nach Größe der Auflaufform 2–4 Mal wiederholen. Zum Schluss groben Kristallzucker darüber streuen und kurz im Rohr bei 240 °C mit Oberhitze backen.

Bohnenwalzer

für Stimme & Gitarre; Text: Franzl Pilz

Alfred Polansky
2003/op. 60 Nr. 3

MEDIZIN

Auch in der Heilkunde fanden Bohnen Verwendung. Die überlieferten Rezepturen beziehen sich hauptsächlich auf die Behandlung von Kopfweh, Durchfall, Verstopfung, Gelbsucht, Nierensand, Harnverhalten, Bruchleiden, Brustweh u. Ä.

- Als Schönheitsmittel werden Salben mit Bohnenmehl empfohlen. Sie sollen zu einer glatten, weichen und weißen Haut verhelfen.
- Hildegard von Bingen verwendete Bohnenmehl für kleine Kuchen, die mit Ingwerpulver und Ringelblumensaft gewürzt und bei Verdauungsbeschwerden gegessen wurden.
- Die getrockneten Fruchtschalen ohne Faden werden als Tee aufgebrüht und wirken harntreibend, blutdrucksenkend und sind ideal gegen Diabetes, Gicht und Rheuma. (Diesen so genannten Mutter-Anna-Tee oder Wüdunger Tee gibt es auch in Reform-Kräuterhandlungen oder Apotheken).

REZEPT: Etwa einen Esslöffel mit 5–7 Gramm samenfreier Gartenbohnenhülsen in 150 ml Wasser aufkochen, 15 Minuten ziehen lassen, abseihen und zwischen den Mahlzeiten trinken. Die Schalen kann man weiterverwenden und mit Öl und Zitrone, Zwiebeln und etwas Petersilie zu einem schmackhaften Salat zubereiten.

- Bohnenmehl, mit Schlagobers gemischt, ergibt eine ausgezeichnete Gesichtsmaske, die die Haut nährt.
- Gegen fette Haut nimmt man anstatt Schlagobers steif geschlagenen Eischnee.
- Bohnenmehl mit Rosenwasser, unter die Augen gestrichen, verjüngt.
- Salben gegen diverse Geschwüre: als Grundlage Bohnen, in Essig und Honig gesotten, sollten die Geschwüre erweichen. In der Volksmedizin wird in Nordamerika bei wundem Mund das getrocknete Mehl der Ackerbohne angewendet.

Der reale Hintergrund für all diese Rezepturen dürften die in den Bohnen enthaltenen antibiotischen Substanzen sein. Darüber hinaus sind die im Folgenden aufgeführten Eigenschaften der Bohnen medizinisch relevant:

- Die Bohne ist eines der eiweißreichsten pflanzlichen Nahrungsmittel.
- Das in Bohnen enthaltene Protein ist anders aufgebaut als tierisches Eiweiß.
- Methionin,Cystin,Tryptophan zählen zu den essenziellen Aminosäuren.
- Bohnen enthalten Kalzium, Phosphor, Folsäure, Kalium, Eisen, Magnesium, Ballaststoffe, Lektine und die Vitamine A, B1, B2, C und Niazin.
- Durch die Kette von B-Vitaminen sind sie Nervennahrung.
- Bohnengerichte en general senken schädliches Blutcholesterin.
- Raffinose ist ein besonderer Zucker, der sich aus Glukose, Fructose und Galaktose zusammensetzt. Die Galaktose muss metabolisiert werden, der Mensch hat dieses Enzym nicht und so kommt es zu Flatulenzen, einer oft peinlichen Begleiterscheinung nach dem Genuss von Bohnen. Bezüglich bewährter Gegenmittel sei auf unseren Bohnenknigge (siehe S. 111 ff.) hingewiesen.

- In Verbindung mit Getreide ist die Bohne ein Schlankmacher. Sie liefert Energie und sättigt sehr lange. Bei entsprechender genetischer Veranlagung können Menschen durch Einatmen des Blütenstaubes der Vicia faba oder nach deren Genuss eine allergische Erkrankung erleiden, die »Favismus« genannt wird und in schweren Fällen bis zum Tod führen kann.
- Phaseolin (aus den Früchten von Phaseolus vulgaris) und eine unbestimmte Substanz im Stamm und in den Wurzeln der Ackerbohne (Vicia faba) haben pilztötende Wirkung.
- In der Ackerbohne befindet sich Levodopa, das wichtigste Medikament gegen die Parkinson'sche Krankheit. (Leider nicht ohne Nebenwirkung auf den Magen-Darmtrakt sowie psychische Störungen.)
- Durch den Genuss von Ackerbohnen kann die Oxidationsempfindlichkeit der roten Blutkörperchen erhöht und z. B. die Schwere einer Malariainfektion begrenzt werden.
- Die dunklen Samen der Mondbohnen enthalten Faseololunatin, ein stark giftiges, zyanogenetisches Glykosid, das erst beim Kochen zerlegt wird.

Nicht erprobte und in der Wirkung eher zweifelhafte Rezepte der Volksmedizin sind unter anderen folgende:

- Gegen Zahnweh soll helfen, eine Kopflaus in eine Bohne zu stecken und sie um den Hals zu tragen.
- Warzen sollen verschwinden, wenn man sie mit Bohnen einreibt und diese dann vergräbt.
- Etwas ungenau, dennoch in der Volksheilkunde präsent: Wenn man seine Augen nur mehr starr halten kann und die Worte vergisst, mische man einen Brei aus Süßholzsaft, Oleander und Bohnen und verabreiche diesen mit Öl vor dem Morgengrauen.
- »Quand les feves sont en fleur, Les fous sont en vigeur.« Man meinte, dass die Essenz von Bohnenblüten Spaltungen im Gehirn auslöste.

Für den Veterinärmediziner:

- Bei Erkältung gibt man den Ziegen einen Aufguss von Bohnenschalen, bei Verstopfung von Hopfen.
- Gegen ein geschwollenes Kuheuter hilft ein Dampfbad von dicken Bohnen oder grünen Bohnenschalen.
- Zur Steigerung der Milchproduktion bei Kühen, Ziegen und Schafen gebe man gekochte Bohnen.
- Schweine werden durch Fütterung mit Bohnen schneller fett.

Artzneybuch Franckfurt 1606

Eine kleine Auswahl aus über 50 Rezepten mit Bohnen

Für die Ruhr und Durchlauff

Aus rotem Bohnenmeel mach ein Brey / und gibs dem Kranken zu essen. Es hilft.

Zur Förderung des Stulgangs

Nim gestoßnen Imber und Bonenmeel / mischs under einander / machs mit Ringelblumensaft zu einem Taig / daraus mache Küchlin / backs auf einem Brett im Ofen. Derselbigen Küchlin iß morgends nüchtern II. oder III., das säubert dir den Magen.

Für die Gelbsucht

Für die Gilbe im Angesicht und sonst am Leib.

Nim der Hülsen von Bonen / uund Gerstenstro / jedes I. Hand vol: Seuds in Essig zugedeckt / wie ein harts par Eyer / uund bühe dich darob. Doch daß der Leib zuvor noch notturft gereinigt / und die Leber geöffnet seye.

Für das Grieß

Ein sehr bewehrt Recept für den Stein.

Nim ein schwartzen unverschnittenen Bock / so drey oder vier Jahr alt ist / denselben / wann die Sonn im Löwen ist / stell eyn drey Wochen lang / und gib jhm anders nichts zu essen / dann Eppich / Peterling / der kleinen Weberbappeln / Bibenell / Epphew von Eichbäumen / Ehrenpreiß / Steinbrech / alles nur das Kraut /und nicht die Wurtzeln. Item / Erdbeerkraut / Bonenhülsen / die lange Zeserlin / so man Ohren nennt / von den Weinreben: Wechßle alle Tag mit den Kräuttern ab / gib jhm nur roten Wein zu trincken / unnd allweg am dritten Tag ein Trunck frisches Brunnenwassers. Wann gedachter Bock also III. Wochen lang / mit obgemeldten Kräuttern / Wein und Wasser gehalten / so stich jhn / wann die Sonn noch im Löwen ist / und der Mond schier vol will werden: Laß den ersten unnd letzten Schuß Bluts hingehen / den mittlern Schuß fahe auff ein sauber Brett / so wol verleistet ist. Dasselbig dürre am Luft / daß die Sonn nicht darauff scheine / alßdann pülvere es / und hebs auff.

Wann ein Mensch den Stein hat / so nim des obgeschriebnen Bocksblut I. Lot / dazu thue Augstein / Krepsaugen/ Pfersichstein jedes I. quintlein / Peterlingsamen / Eppichsamen / jedes I. Lot: Das alles pülvere / und mischs wol under einander. Von diesem gib einem als viel / als einer Haselnus groß in Bonenhülsenwasser eyn / und setz ihn über den Nabel in ein Wasserbad.

Das Bad mach also:

Nim Eybischen ein Hand vol / Bappeln / Peterlingkraut mit den Wurtzeln / S. Peterskraut / auch jedes ein Hand vol / Leinsamen ein Gäuffel: Thue es alles in ein Säcklin / laß es in einem Kessel vol Wassers wol sieden / und darnach von jhm selbs kalt werden / biß einer erleiden kan. Darinn soll der Kranck baden / so lang er mag / biß er ringerung der Schmertzen empfindet. Das Bonenhülsenwasser sol von den Bonenhülsen oder Schelffen allein (ohne die Bonen oder Blätter / wann die Bonen halber gewachsen) in balneo Mariae sauber / unnd nicht zugeh / sondern mit gleicher Hitz gebrennt werden. Dessen nimbt man drey Lot auff ein mal / wann man das Pulver eyngeben will. Und soll der Kranck nachgehends / wanner das Pulver eyngenommen / ettliche Tag morgends unnd abends / das Bonenhülsenwasser trinken / Morgends nüchtern / und wann er schlaffen gehet / allwegen drey Lot / biß er in dem Harn spürt / daß der Stein zerbrochen / und kein Grieß mehr von jhm gehet.

Für Röte und Flecken des Angesichts.

Für die Sommersprecklin / und andere Flecken / oder Masen im Angesicht. Nim Bonenblust II. Händ vol / geuß Geißmilch daran / daß sie uber die Blust gehe / in eim verglüßten Häfelin / laß ein Tag und ein Nacht also stehen: Seyhe es dann durch / und truck es aus. Und leg frische Bohnenblust dareyn / wie vor / winds allweg wider aus / und leg frische Blust dareyn. Das thue fünff Tag nach einander. Wil es zu dick werden / so geuß noch ein wenig Geißmilch zu. Das thue dann in ein Kolben / und brenns aus. Und mit dem Wasser bestreich das Angesicht Morgends I. Stund vor dem Auffstehen / deßgleichen auch Nachts / gleich vor dem schlaffen gehen. Rehmilch ist gar ein gewiß Mittel für die Roßmucken / und alle Masen under dem Angesicht.

Für Mähler im Angesicht.

Nim Bohnenblust unnd Lindenblustwasser / die also gebrennt seyen / daß man allweg ein Gleg Blust mit Geißmilch besprenge / unnd es darnach erst außbrenne. Damit wasche oder salbe die Masen.

Ein schöne Haut zu machen.

Nim Bohnenmeel / Wickenmeel / Kichermeel / unnd Meel von wilden Rübsamen / jedes gleich viel. Machs mit Bohnenblustwasser zu einem gar dünnen Taiglin / wasche die Haut damit.

Für den Kreps und andere fressende Schäden.

Nim Geißbohnen unnd Honig / Seuds wol durch einander / streichs auff ein Tuch / und binds uber den Schmertzen.

APROPOS BOHNEN

¶ Ackerbohne, Sojabohne, Stragel und Kuhbohne werden zuweilen als Kaffee-Ersatz verwendet, der Samen wird bloß geröstet.

¶ Die Wicken im Zusammenspiel mit einem reifen Apfel, der Äthylen abgibt, reifen langsam, verlieren ihre geradlinige Rankwütigkeit, was ihrer Fähigkeit entspräche, und biegen einfach ab in die Waagrechte. (Dieses Zusammenspiel, resp. den Einfluss einer Pflanze auf eine andere nennt man Allelopathie.) Einer alten Bauernweisheit folgend, hat man schon immer reife Äpfel zu unreifen Früchten gelegt, um sie so schneller zum Fruchtgenuss zu bringen. Angeblich wird das Gas Äthylen auch in Glashäuser gepumpt, um schnellere Reifeprozesse zu erzielen.

¶ Auch die Erdnuss gehört zu den Hülsenfrüchten und ist eigentlich eine Bohne. Wenn sie ein Bohnenmus bereiten und Erdnüsse dazugeben, schmeckt diese fast wie eine Sataysauce (in Thailand vielfach verwendet, um Fleisch schmackhafter zu machen). Sie hat aber den Vorteil, dass sie nicht so fett ist wie die richtige Sataysauce, und außerdem mit Magnesium, Niacin, Kalium und Ballaststoffen versorgt.

¶ Die Montessori-Methode erlaubt den Kleinen im Kindergarten ihre ersten Schüttversuche ohne Aufsicht mit Reis und Bohnen.

¶ Zu den ersten und beliebtesten Experimenten, oft schon im Kindergarten, gehört, eine Bohne in ein Glas mit Wasser zu legen und das Keimen zu beobachten.

¶ J. H. Schmelzer hat eigens für den Tag des Bohnenschmauses ein Stück komponiert, in dem das Fagott Furzgeräusche imitiert – die Sonata de cinque.

¶ Der Bohnenkäfer ist ein unangenehmer Lagerschädling, der mit amerikanischen Hilfslieferungen nach dem Zweiten Weltkrieg als Souvenir in Europa eingeschleppt und zur Plage wurde. Wenn man die betroffenen Bohnen nicht wegwerfen will, kann man sie als einziges Gegenmittel 2–3 Wochen einfrieren.

¶ Bohnenkraut – Satureja montana oder hortensis L. – ist eine Gewürzpflanze und mit der Bohne nicht verwandt. Das Kraut wird in der Pflanzenheilkunde als Mittel gegen Blähungen, Appetitmangel und Magenkrämpfe eingesetzt. Die im Bohnenkraut enthaltenen ätherischen Öle sind antibakteriell und haben eine sanfte, verdauungsstärkende Wirkung. Das frische Kraut schmeckt pfeffrig, aber mild. Im getrockneten Zustand hat es einen intensiveren Geschmack. In Frankreich wird es oft als Oreganoersatz verwendet.

¶ Als Bohnenbaum bezeichnet man auch den stinkenden Goldregen (Anagyris foetida).

¶ Die Rote Bohne (Macáma Báltica) ist eine dreieckige, schneckenähnliche Muschel.

¶ Zur Familie der Miesmuschel gehören die Marmorierte Bohnenmuschel (Músculus marmorátus) und die Schwarze Bohnenmuschel (músculus niger).

¶ Die Meeresbohne (canavalia maritima) ist ein flacher Strandstrauch an den Küsten Süd- und Mittelamerikas. Die Triebe werden bis zu 10 Meter lang, haben blassrote Blüten, und die Schoten bergen braune Bohnen, die schon in prähistorischen Gräbern gefunden wurden. Man sagt ihnen aphrodisische Wirkung nach. Geraucht mit den getrockneten Blättern, sind sie als Marihuana-Ersatz verwendet worden.

¶ Als Karatbohne bezeichnet man die Samen des Johannesbrotbaums. An der Ostküste Afrikas wurde das geschürfte Gold von den Einheimischen mit diesen Bohnen gewogen. Seitdem werden Edelsteine und Gold in Karat gewogen.

¶ Die Kaffeebohne ist keine Hülsenfrucht, sondern der Kern der Kaffeekirsche.

¶ Die Kakaobohnen sind die Kerne in den gurkenförmigen Früchten des Kakaobaumes. Sie sind die Basis für alle Arten von Schokolade.

¶ Friedrich Bohne schrieb 1961 das Buch »Wilhelm Busch und seine Zeit – was ich ergötzlich fand«.

¶ Gotthold Bohne war der Herausgeber von »Straf- und Prozessrecht 1932«.

¶ Ein weiterer Herr Bohne gab Fotoratgeber heraus.

¶ Und dann gab's noch den Detlef Bohne, der 1939 Jahrbücher herausbrachte.

¶ Mr. Bean, ein Beispiel des englischen Humors oder bloß der Nachname.

¶ Auch Engel essen Bohnen – ein Film mit Bud Spencer und Terence Hill.

KLEINER BOHNENKNIGGE

»waz eren hat fro Bohne daz man so von ihr singen sol?«

WALTHER VON DER VOGELWEIDE

¶ Ist Frau Bohne auf sich alleine angewiesen, so benötigt sie 10 dag, um einen Gast zufrieden zu stellen. Hat sie Hilfe, so reicht das für zwei. Durch das Kochen verdoppelt Frau Bohne ihr Gewicht.

¶ Vor der Benützung möchte Frau Bohne sorgfältig verlesen und gründlich gewaschen werden. Das Waschwasser ist wegzugießen.

¶ Um sie schneller weich zu bekommen, muss Frau Bohne wie alle Artgenossen (Hülsenfrüchte) lange gebadet werden. Man nimmt dazu weiches oder, wenn solches nicht vorhanden, abgekochtes Wasser. Hartes Wasser verzögert das Weichwerden durch die Bildung unlöslicher Pektinverbindungen.

¶ Frau Bohne schätzt es nicht, wenn mit dem Wasser gespart wird. Das Dreifache ihres Volumens ist ihr gerade recht, dann bleibt auch noch Flüssigkeit zum Kochen.

¶ Am liebsten hält sich Frau Bohne zum Quellen für mehrere Stunden, am besten über Nacht, an einem kühlen Ort auf. Im Sommer empfiehlt sich dafür der Kühlschrank, sonst kommt Frau Bohne in Wallung und gärt.

¶ Wurde es verabsäumt, Frau Bohne rechtzeitig einzuweichen, kann man ein abgekürztes Verfahren anwenden: einmal aufkochen und dann zugedeckt wenigstens eine Stunde lang quellen lassen.

¶ Ernährungsbewusste Kavaliere verwenden das Weichwasser immer auch gleich als Kochflüssigkeit, weil sonst viele der wasserlöslichen Wirkstoffe wie Vitamine und Salze größtenteils verloren gehen.

¶ Schneller weich wird Frau Bohne, wenn man dem Kochwasser Natron oder Backpulver zusetzt. Dieser Trick ist aber nicht zu empfehlen, weil dadurch ein Teil der Vitamine, besonders solche der B-Gruppe, zerstört werden.

¶ Aus dem gleichen Grund schätzt Frau Bohne auch nicht die gelegentlich empfohlene Verwendung von Mineralwasser als Einweich- und Kochflüssigkeit.

¶ Wurde der Durst von Frau Bohne nicht richtig eingeschätzt und muss Wasser nachgegossen werden, darf nur heißes Wasser genommen werden.

¶ Frau Bohne entwickelt ihren vollen Geschmack, wenn man sie nur einmal aufkochen lässt und dann auf ganz kleiner Flamme so langsam wie möglich köcheln oder im Rohr bei 140°Celsius dünsten lässt.

¶ Besonders geeignet dafür, Frau Bohne weich zu bekommen, sind moderne Schnellkochtöpfe. Durch erhöhten Innendruck werden höhere Temperaturen erreicht und dadurch die Garzeiten wesentlich verkürzt. Die Vorteile der klassischen Methode des »geschlossenen Systems« sind dadurch bis zur Perfektion gesteigert.

¶ Zeit sparend und besonders praktisch ist es, Frau Bohne in einem Blechkostüm zu erwerben. Hülsenfrüchte eignen sich hervorragend für Dosengemüse, es ist keinerlei Qualitätseinbuße zu bemerken. Eine 1-kg-Dose entspricht etwa 500 g trockenen Bohnen.

¶ Trägt Frau Bohne den Vornamen Sau, so hat sie eine dicke, zähe Haut, die besonders schwer verdaulich ist und den Gerichten einen charakteristischen, herben Geschmack verleiht. Sie kann verhältnismäßig leicht entfernt werden, wenn man die Bohnen 48 Stunden bei täglichem Wasserwechsel einweicht. Man drückt den Kern einfach aus der Schale, wobei man manchmal mit dem Fingernagel nachhelfen muss.

¶ Frau Bohne darf erst, nachdem sie völlig weich gekocht ist, gesalzen und, wenn erforderlich, mit Mehl gebunden werden. Vorzeitiges Salzen oder vorzeitige Zugabe von Mehl verhindert das Weichwerden.

¶ Frau Bohne liebt besonders die Zugabe von Essig, aber erst, wenn sie mit dem Kochen fertig ist. Dies verbessert den Geschmack und vor allem auch die Bekömmlichkeit. Bei vorzeitiger Zugabe kann das Eiweiß gerinnen und die Zellulose erhärten.

¶ Pürieren lässt sich Frau Bohne, weich gekocht, im Mixer, mit dem Pürierstab, einer Faschiermaschine, einer »Flotten Lotte« oder einem Passiersieb. Es geht leichter, solange sie heiß ist. Zur Herstellung grober Pürees genügt ein Stampfen oder auch nur heftiges Rühren.

¶ Zu den unangenehmen Eigenschaften der Frau Bohne gehört ihre Neigung zu Blähungen. Diese kann durch die Zugabe von Bohnenkraut (Saturei, Gartenquendel, Pfefferkraut – Satureja hortensis) verringert werden.

¶ Wird Frau Bohne, nachdem sie fix und fertig ist, eingefroren und dann wieder aufgetaut, geht die blähende Wirkung fast völlig verloren.

¶ Am sichersten vermeidet man Blähungen, wenn man einen Trick der indischen Küche anwendet und Frau Bohne mit einer Prise Teufelsdreck (Stinkasant) verkuppelt. Es kostet zwar einige Überwindung, diesen eingetrockneten Milchsaft aus der Wurzel einiger Steckenkrautarten der Salzsteppen Irans und Afghanistans anzuwenden, der Erfolg ist aber sicher und der Geschmack wird kaum verändert.

¶ Ist Frau Bohne jung und trägt noch ihr grünes Kleid, heißt sie Fisole und kann auch schon vernascht werden. Man putzt sie, indem man die Enden abschneidet und, wenn nötig, von beiden Seiten die Fäden abzieht. Man kocht sie in leicht gesalzenem Wasser zusammen mit einem Zweiglein Bohnenkraut

¶ Die junge Frau Bohne wird entweder ganz belassen oder in kleine, 2 Zentimeter lange Stücke gebrochen. Geschnitten wird sie gerade, in kleine, ca. 0,5 Zentimeter lange Stücke, oder schräg in kleine Rauten

¶ Die oft empfohlene Zugabe von Natron zum Kochwasser, um die schöne grüne Farbe des Kleides der jungen Frau Bohne zu erhalten, ist nach unseren Erfahrungen nicht erforderlich. Es genügt, beim Kochen den Deckel nicht zuzumachen.

¶ Die junge Frau Bohne enthält das giftige Phasin, weshalb sie roh nicht verspeist werden darf, jedenfalls nicht in größeren Mengen. Durch das Kochen wird die Wirkung aufgehoben.

HAUTE PROTEINE

prèt-á-manger

WIEN TOKYO RIO PARIS LONDO

Glossar

Augsburger: ungeselchte Knackwurst

Blunze: Blutwurst
Buttermilch: Sauermilch
Brösel: Paniermehl

dünsten: schmoren

Eiklar: Eiweiß
Einbrenn: Mehlschwitze
Erdäpfel: Kartoffeln
Erdäpfelschmarren: gekochte, zerdrückte, angeröstete Kartoffeln

Faschiertes: Hackfleisch
faschieren: (Fleisch) klein hacken
Fisolen: grüne Gartenbohnen
Fleckerln: Teigwaren
Fleischlaibchen: Frikadellen

Gansl: Gans
geselchtes Fleisch: geräuchertes Fleisch
Grammeln: Grieben
gar kochen: fertig kochen
grünes Fleisch: frisches Fleisch

Heidenmehl: Buchweizenmehl
Heidelbeeren: Blaubeeren

Karotten: Möhren
Kraut: Weißkohl
Knödel: Kloß
Knöderl: Klößchen
Kren: Meerrettich

Marmelade: Konfitüre
Melanzani: Auberginen

Neugewürz: Piment

Obers: Sahne

Paradeiser: Tomaten
Pfefferoni: Peperoni
Porree: Lauch
Püree: Mus

Rahm: Saure Sahne
Ribisel: Johannisbeeren
Ripperl: Rippe
Rohr: Backofen
Rohnen, rote Rüben: rote Bete

Sauerkraut: Sauerkohl
saure Milch: ersatzweise Buttermilch
Schlagobers: Sahne
Selchfleisch: geräuchertes Fleisch
Semmel: Brötchen
Semmelbrösel: Paniermehl
Schmalz: ausgelassenes Schweinefett
Schmolle: Brotkrume
Schöpsenfleisch: Hammelfleisch
Schweinshaxen, Schweinshaxerl, Stelze: Eisbein, Haxe
Schwartel: Schwarte
Staubzucker: Puderzucker
Surfleisch: Pökelfleisch

Vogerlsalat: Feldsalat

Liste der Konfidenten

Una Abraham
Sigi von Alten
Traudlinde Aigner
Walpurga Antl-Weiser
Thomas Bakos
Veronika Bandri
Bernd Barth
Elisabeth Belecic
Friedrich Berg
Claudia Bombardella
Angela Carneiro
Anna Cassini
Brigitte Cech
Ruth-Eva Contreras-Lichtenberg
Helmut Eisendle
Manfred A. Fischer
Esther Gallwitz
Rudolf Gamsjäger
Franz Grieshofer
Irene Heiling-Schmoll
Angelika Heinrich
Franz Helmreich
Brigitte Herrmann
Edith Hörandner
Ulla Holzbauer
Gerhard Hubmann
Alfred Janata
Daisy Jopling
Monika Kaesser
Eva Klügel
Sandra Kosel
Ciri Koppitsch
Gerda Kornfeil
Barbara Kowalevska
Hildaci Kuhn
Gero Kurat
Gerfried Leute
Veronika Mann
Patricia Meier-Rogan
Herbert Melichar
Elsa Müller
Laci Nagy
Gerhard Niedermeyer
Uwe Passauer
Barbara Pawlik
Helmut Pernet
Erika Pilz
Nora Piva
Susy Poche
Alfred Polansky
Alfred Rögl
Elisabeth Ruttkay
Beate Schiller
Christine Schmid
Helga Schmitz
Rolf Schwendter
Martina Sedelmayer
Krista Stadler
Marlene Sturm
Horst Sochor
Editha Terbuc
Otto Toth
Peter Turk
Hans-Jürgen Urstöger
Luca di Volo
Karl Wirobal
Liselotte Zemmer-Plank
Asquina, Kathi, Julia, Nicole,
Shoba, Loisca und Carlos

Verwendete Literatur

ALFÖLDI-ROSENBAUM, E.: *Das Kochbuch der Römer.* Rezepte aus der »Kochkunst« des Apicius. Zürich–München 1988

ARUTJUNOV, S. UND V. KOBYCEV: *V kraju gor, sadov i vinogradov.* Moskva 1987

Bohnengeschichten. Beiträge zur Hauptnahrung Althallstätter Bergleute. Broschüre zur Ausstellung des Naturhistorischen Museums Wien und des Museums Hallstatt. Hallstatt 1992

BOUCHER, G. UND J. BACON (Redaktion): *Die Kunst des Kochens.* Nährmittel und Hülsenfrüchte. Amsterdam 1980

Brigitte Sammelrezepte. München 1990

CZERNY, Z.: *Przyrzadzanie potraw.* Warszawa 1949

DEGENER, R.: *So kocht Italien.* Bonn-Röttgen 1973

DENCKLER, H.: *Hülsenfrüchte. Erbsen, Bohnen, Linsen – auf 300 Arten zubereitet.* München 1972

DIETRICH, K.: *Kochbuch für ländliche Haushalte nebst Rezepten für Käse- und Wurstbereitung.* Wien 1930

Es kocht in den Alpen. Zürich 1992

FAHRENKAMP, H. J. (Hgb.): *Wie man eyn teutsches Mannsbild bey Kräfften hält.* Gütersloh-Kissing 1986

GALLWITZ, E.: Schneerittchens Apfel. Insel Taschenbuch.

HESS, O. UND A. HESS: *Wiener Küche.* Wien 16 1929

KALTENBACH, M. UND V. CERABOLINI: *Aus Italiens Küchen.* Originalrezepte der verschiedenen Regionen Italiens. Bern-Stuttgart 7 1988

KNICH, H. (Hgb.): *Türkisch kochen – Türk mutfagi.* München 7 1993

KOFRANEK, A.: *Donauland Kochbuch.* Wien 1961

KOLPAS, N. UND L. CLASEN (Redaktion): *Die Kunst des Kochens.* Salate und kalte Vorspeisen. Amsterdam 1980

KORINETZ, J.: *Das Kochbuch von Onkel Juri.* München 1982

KOSTENZER, H. UND O.: *Alte Bauernweisheit.* Von Wetterregeln und Lostagen, Mondeinflüssen und Pflanzzeiten, Heil- und Gewürzkräutern, Sauerkraut und Speck. Rosenheim 1975

LAGARRIGUE, M. P.: *Recetas de la Rengifo.* Santiago de Chile 1989

LANDMANN, S.: *Gepfeffert und gesalzen.* Ein streitbares Kochbrevier. München–Berlin 1980

LÜDECKE, B.: *Griechische Küche.* 280 Rezepte der kulinarischen Spezialitäten Griechenlands. München 1970

MAIER-BRUCK, F.: *Vom Essen auf dem Lande.* Das große Buch der Österreichischen Bauernküche und Hausmannskost. Himberg bei Wien, o. J.

MAIER-BRUCK, F.: *Zu Hause in Europas Küchen.* Wien 1977

MALLOS, T.: *Die Küche des Orient.* Herrsching 1984

MEUTH, M. UND B. NEUNER-DUTTENHOFER: *Venetien und Friaul.* Küche, Land und Leute. Kulinarische Landschaften. München 1990

MRLJES, R.: *Balkankochbuch.* Ljubljana 1987

NEUBAUER, I.: *Bohnen. Gemüse.* Die besten Rezepte und Einkauftipps. München 1991

Perchtoldsdorfer Küchengeheimnisse. Privatdruck der Pfarren Perchtoldsdorf. Perchtoldsdorf bei Wien 1991

PERGER, G.: Das neue Thea-Kochbuch. Wien 1963

PLACHUTTA, E. UND CH. WAGNER: *Die gute Küche.* Das österreichische Jahrhundertkochbuch. Wien 1993

RENTON, A. DE UND C. CONDON: *Die mexikanische Küche.* 1975

ROKITANSKY, MARIE V.: *Die Österreichische Küche.* Innsbruck 3 1903

RUHM, F.: *Illustrierte Wiener Küche.* Wien/Purkersdorf-Stuttgart o. J.

RUHM, F.: *Wiener Küche 1947.* Eine neue Sammlung zeitgemäßer Kochrezepte. Wien/Purkersdorf 1947

SCHWENDTER, R.: *Schwendters Kochbuch.* Frankfurt/Main 1988

SELESKOWITZ, L.: *Wiener Kochbuch.* Wien-Leipzig 13 1908

SETZ, H.: *Das Kochbuch aus Kärnten.* Söll/Tirol 1979

SKOURA, S.: *500 ausgewählte Rezepte aus der traditionellen griechischen Küche.* Athen 1984

SOULI, S.: *Griechische Küche.* Athen 1989

TARRANT, M. UND M. BENET (Redaktion): *Die Kunst des Kochens.* Suppen. Amsterdam 1979

TEUBNER, CH.: *Suppen und Eintöpfe.* München 1986

VOLLENWEIDER, A.: *Italiens Provinzen und ihre Küche.* Eine Reise und 88 Rezepte. Berlin 1990

Wir kochen gut. Leipzig-Berlin 8 o. J.

ZIEGENBEIN, H. UND J. ECKEL: *Was koche ich heute?* Wels 10 1932

Familiendrama aufgedeckt.

Hallstatt, 1. Juni 1992.
(Von unserem Sonderkorrespondenten)

Wie wir soeben erfahren konnten, hat sich im Hause Hülsenfrüchtler ein Drama abgespielt. Obwohl das Familienoberhaupt Bohne jahrtausendelang seine führende Rolle behaupten konnte und seinen Anhängern aus so mancher Krise geholfen hat, sozusagen der Menschheit das Leben gerettet hat, sind so gut wie alle von ihr abgefallen, sobald aus einer Neuen Welt eine andere daherkam. Und das nur wegen der zarteren Haut und des angeblich besseren, weniger vordergründigen Geschmacks. Dabei ist die Alte ein wahrer Kumpel, hart im Nehmen und widerstandsfähig, sogar frostbeständig, nur während der Blüte ein wenig durstig. Die Neue hingegen verträgt nicht die geringste Kälte, und Trockenheit ist ihr ein Gräuel, eine verwöhnte Dame eben. Aber diesem modischen Pflänzchen ist die Menschheit im Nu verfallen. Es hat nur ein paar Jahrhunderte gedauert, Jahrtausende vergessen zu lassen. Die Alte wurde vollständig verdrängt, sogar den Namen hat man ihr genommen und fortan für die Neue verwendet. Die Alte hieß ab nun Saubohne oder Pferdebohne, und dies zeigt so recht die ganze Niedertracht: Sie wurde vom Tisch in den Stall verbannt.
Allerdings ist man nur im deutschsprachigen Zweig der Familie so hart vorgegangen. Im südeuropäischen und levantinischen hat man der Alten ihren angestammten Platz an der Tafel belassen und auch den Namen – Fava – durfte sie behalten. Die Neue wurde nur als Konkubine unter dem Namen Fagiola zugelassen. Scheidung auf Italienisch sozusagen.
Obwohl sich dieses Familiendrama vor unser aller Augen abgespielt hat, blieb es von der Öffentlichkeit weitgehend unbemerkt. Erst eine kleine Dokumentation durch Freunde der Familie hat darauf aufmerksam gemacht.

Register der Rezepte

INDEX NACH REZEPTNAMEN

Althallstätter Ritschert (Eintopf mit Bohnen und Gerste) – prähistorisches Oberösterreich **29**
Aschermittwoch-Heringssalat – Wien **48**
Bableves (Bohnensuppe) – Ungarn **69**
Babos (Süßspeise) – Brasilien **98**
Babsaláta (Bohnensalat)- Ungarn **63**
BB-Salat (Süßspeise) **97**
Besara (Püree aus dicken Bohnen) – Ägypten **35**
Bob (überbackene Bohnen) – Bulgarien **87**
Bohnen mit »zupfte Nudeln« – Perchtoldsdorf, Niederösterreich **51**
Bohnen mit Fleckerln – Wien **50**
Bohnen provençalische Art – Frankreich **83**
Bohnen-Blunzngröstl **55**
Bohnendahl (Bohnengemüse) – Burma **80**
Bohnenfleisch – Kärnten **56**
Bohnengemüse – Grundrezept **23**
Bohnengemüse – Bulgarien **87**
Bohnengulyás (Bohnengemüse mit Paprika) – Wien **50**
Bohnen-Karotten-Suppe – England **73**
Bohnen-Kartoffelpüree – Italien **86**
Bohnenknödel – Wien **54**
Bohnenlaibchen – Wien **54**
Bohnenpüree – Grundrezept **23**
Bohnenreis (Kastanienreis-Ersatz) – Wien **56**
Bohnensalat – Bulgarien **64**
Bohnensalat – Grundrezept **24**
Bohnensalat mit Kaviar – Ukraine **64**
Bohnensalat nach Kärntner Art – Kärnten **47**
Bohnen-Schoko-Chili-Sauce **98**
Bohnensoße – Grundrezept **24**
Bohnensterz – Niederösterreich, Burgenland **50**
Bohnenstrudel – Burgenland, Ungarn **51**
Bohnensuppe – Böhmen **72**
Bohnensuppe – Grundrezept **23**
Bohnensuppe mit Reibgerstl – Polen **71**
Bohnentopf mit Schweinsrüssel – Wien **55**
Bohnentorte – Wien **56**
Bonensoep Middelburg – Niederlande **68**
Boston Baked Beans (Gebackene Bohnen Bostoner Art) – Amerika **80**
Bretonische Bohnen (Eintopf mit Bohnen und Gerste) – Frankreich **30**
Bretonische Suppe – Frankreich **68**
Bruna Bönor (Bohnengemüse) – Schweden **85**
Bussecca (Tessiner Kuttelsuppe) – Schweiz **72**
Chili con carne (Eintopfgericht) – Südamerika **43**
Cocido (Gekochtes) – Spanien **67**
Cowpoke Beans (Bohnengemüse) – Amerika **81**
Dill Beans (Bohnengemüse) – Thailand **89**
Editas Bohnen (Bohnengemüse) – Kroatien, Burgenland **52**
Faba cum betis (Bohnensuppe mit Mangold) – antikes Italien **39**
Fabada Asturiana (Bohneneintopf) – Spanien **92**
Fabam Vitellianam (Saubohnen à la Vitellius) – antikes Italien **39**
Fagioli al fiasco (Bohnen in der Flasche) – Toskana, Italien **38**
Fagioli al tonno (Bohnen mit Tunfisch) – Italien **40**
Fagioli all'ucelletto (Bohnen mit Salbei) – Toskana, Italien **41**

Falafel (Kroketten aus dicken Bohnen) – Ägypten **35**
Fasolia xera yachni (Bohnen in Tomatensauce) – Griechenland **37**
Favata (Fabada) (Bohneneintopf) – Sardinien **93**
Feijoãda completa (Bohneneintopf) – Brasilien **91**
Fisolen mit Butterbrösel – Grundrezept **25**
Fisolen mit Schinken – Spanien **84**
Fisolen, eingebrannte – Grundrezept **25**
Fisolen-Käse-Suppe – Südostasien **77**
Fisolen-Pilzgulyás **53**
Fisolensalat – Grundrezept **26**
Fisolensalat mit Nüssen **47**
Frackh (Bohneneintopf) – Marokko **92**
Frijoles refritos (gebratene Bohnen) – Mexiko **80**
Ful Medamis (Saubohnengemüse) – Ägypten **67**
Ful Nabed (Suppe aus dicken Bohnen) – Ägypten **35**
Gold und Silber (Bohneneintopf) – Deutschland **93**
Grüne Bohnen in Olivenöl – Türkei **85**
Grüne Bohnen mit Äpfeln **49**
Grüne Bohnen mit Joghurtsauce – Indien **88**
Grünes Bohnengemüse – Israel **81**
Guernsey Bean Jar (Bohneneintopf) – Großbritannien **94**
Habas (Süßspeise) – Südamerika **97**
Hopping John (Bohneneintopf) – USA **91**
Janija (Bohnensalat)- Rumänien **64**
Jota (Sauerkrautsuppe) – Venetien/Friaul, Italien **42**
Kalte Bohnencremesuppe – Peru **77**
Kärntner Ritschert (Eintopf mit Bohnen und Gerste) – Kärnten **29**
La Ribollita (Gratinierte Bohnensuppe) – Toskana, Italien) **71**
La Salade Bretonne (Bretonischer Bohnensalat) – Frankreich **63**
Lammfleisch-Kapama mit weißen Bohnen (Eintopfgericht) – Griechenland **37**
Le Cassoulet de Castelnaudary (Bohneneintopf) – Frankreich **94**
Lobio (Suppe aus roten Bohnen) – Kaukasusgebiet **75**
Lombardische Kuttelsuppe – Italien **73**
Macco di fava (Saubohnengemüse) – Kalabrien, Italien **86**
Maria-Stuart-Suppe (Bohnensuppe mit Selchfleisch) – Wien **49**
Matevž (Bohnengemüse) – Slowenien **87**
Maurische Kürbissuppe – Spanien **67**
Maushawa (Bohnensuppe mit Fleischbällchen) – Afghanistan **75**
Minestra di farro (Bohnensuppe) – Lucca, Toscana, Italien **74**
Minestrone (klassische Gemüsesuppe) – Italien **40**
Montblanc (Süßspeise aus Bohnen) **97**
Ödenburger Bohnentorte – Ungarn **98**
Pasta e fagioli (Teigwaren mit Bohnen) – Venetien, Italien **41**
Paunzger (Bohnen mit Rettich)- Kärnten **47**
Pistou (Bohnengemüse) – Frankreich **83**
Porotos Argentinos (Bohnengemüse) – Argentinien **79**
Porotos Ricos (Bohnengemüse) – Chile **79**
Rahmfisolen – Grundrezept **26**
Rahmsuppe mit Bohnen – Kärnten **48**
Rheinisches Sauerkraut – Deutschland **86**
Ritschert aus dem Kloster Tegernsee (Eintopf mit Bohnen und Gerste) – mittelalterliches Deutschland **29**
Rote Bohnen in Olivenöl – Türkei **84**
Samerberger Bohnenknödel – Tirol **53**
Sauerkrautsuppe – Griechenland **37**
Saure Bohnen – Wien **54**
Schalet (Tscholent) (Bohneneintopf) – Osteuropa **95**
Schalet mit Knejdlach (Bohneneintopf mit Knödel) – Osteuropa **95**
Schomcchantchups (Bohnensuppe mit Kastanien) – Kaukasusgebiet **75**
Senfbohnen – Wien **55**
Serbische Bohnensuppe – Serbien **74**

Sheved Baghala (Bohnen-Reis Gemüse) – Irak **88**
Shourba Ful (Saubohnensuppe) – Jemen **65**
Speckbohnen – Fisolen mit Speck **25**
Tameya – siehe Falafel **35**
Teijfölös Babfözelék (Bohnensuppe) – Ungarn **69**
Teufelsbohnen – Osteuropa **47**
Tortilla mit Bohnen und Mangold – Spanien **85**
Tscholent siehe Schalet **95**
Ulmer Haxl (Eintopf mit Bohnen und Gerste) – Deutschland **30**
Unasch (Bohnensuppe mit Hammelfleisch) – Mittelasien **77**
Westfälisches »Blindhuhn« (Bohnengemüse) – Deutschland **84**
Zeytinyagh Barbunya (Bohnensalat) – Türkei **65**

INDEX NACH REZEPTKATEGORIEN

Fingerfood

Bohnenstrudel – Burgenland, Ungarn **51**
Falafel – Ägypten **35**
Tameya – siehe Falafel **35**
Teufelsbohnen – Osteuropa **47**

Salate

Aschermittwoch-Heringssalat – Wien **48**
Babsaláta – Ungarn **63**
Bohnensalat – Bulgarien **64**
Bohnensalat – Grundrezept **24**
Bohnensalat mit Kaviar – Ukraine **64**
Bohnensalat nach Kärntner Art **47**
Fagioli al tonno – Italien **40**
Fisolensalat – Grundrezept **26**
Fisolensalat mit Nüssen **47**
Janija – Rumänien **64**
La Salade Bretonne– Frankreich **63**
Paunzger – Kärnten **47**
Zeytinyagh Barbunya– Türkei **65**

Suppen

Bableves – Ungarn **69**
Bohnen-Karotten-Suppe – England **73**
Bohnensuppe – Böhmen **72**
Bohnensuppe – Grundrezept **23**
Bohnensuppe mit Reibgerstl – Polen **71**
Bonensoep Middelburg – Niederlande **68**
Bretonische Suppe – Frankreich **68**
Bussecca – Schweiz **72**
Faba cum betis – antikes Italien **39**
Fisolen-Käse-Suppe – Südostasien **77**
Ful Nabed – Ägypten **35**
Jota – Venetien/Friaul, Italien **42**
Kalte Bohnencremesuppe – Peru **77**
La Ribollita – Toskana, Italien **71**
Lobio – Kaukasusgebiet **75**
Lombardische Kuttelsuppe – Italien **73**
Maria-Stuart-Suppe – Wien **49**
Maurische Kürbissuppe – Spanien **67**
Maushawa – Afghanistan **75**
Minestra di farro – Toscana, Italien **74**
Minestrone – Italien **40**
Rahmsuppe mit Bohnen – Kärnten **48**
Sauerkrautsuppe – Griechenland **37**
Schomcchantchups – Kaukasusgebiet **75**
Serbische Bohnensuppe – Serbien **74**
Shourba Ful – Jemen **65**
Teijfölös Babfözelék – Ungarn **69**
Unasch – Mittelasien **77**

Gemüse

Bob (überbackene Bohnen) – Bulgarien **87**
Bohnen mit »zupfte Nudeln« – Perchtoldsdorf, Niederösterreich **51**
Bohnen mit Fleckerln – Wien **50**
Bohnen provençalische Art – Frankreich **83**
Bohnendahl – Burma **80**
Bohnengemüse – Grundrezept **23**
Bohnengemüse – Bulgarien **87**
Bohnengulyás – Wien **50**
Boston Baked Beans – Amerika **80**
Bruna Bönor – Schweden **85**
Cowpoke Beans – Amerika **81**
Dill Beans – Thailand **89**

Editas Bohnen – Kroatien, Burgenland **52**
Fagioli al fiasco – Toskana, Italien **38**
Fagioli all'ucelletto – Toskana, Italien **41**
Fasolia xera yachni – Griechenland **37**
Fisolen mit Butterbrösel – Grundrezept **25**
Fisolen, eingebrannte – Grundrezept **25**
Fisolen-Pilzgulyás **53**
Frijoles refritos – Mexiko **80**
Ful Medamis – Ägypten **67**
Grüne Bohnen in Olivenöl – Türkei **85**
Grüne Bohnen mit Äpfeln **49**
Grüne Bohnen mit Joghurtsauce – Indien **88**
Grünes Bohnengemüse – Israel **81**
Macco di fava – Kalabrien, Italien **86**
Matevz – Slowenien **87**
Pasta e fagioli (Teigwaren mit Bohnen) – Venetien, Italien **41**
Pistou – Frankreich **83**
Porotos Argentinos – Argentinien **79**
Porotos Ricos – Chile **79**
Rahmfisolen – Grundrezept **26**
Rheinisches Sauerkraut – Deutschland **86**
Saure Bohnen – Wien **54**
Senfbohnen – Wien **55**
Sheved Baghala – Irak **88**
Westfälisches »Blindhuhn« – Deutschland **84**
Fisolen mit Schinken – Spanien **84**
Speckbohnen – Fisolen mit Speck **25**
Rote Bohnen in Olivenöl – Türkei **84**

Eintopf

Bohnenfleisch – Kärnten **56**
Bohnentopf mit Schweinsrüssel – Wien **55**
Chili con carne – Südamerika **43**
Cocido – Spanien **67**
Fabada Asturiana – Spanien **92**
Favata (Fabada) – Sardinien **93**
Feijoada completa – Brasilien **91**
Frackh – Marokko **92**
Gold und Silber – Deutschland **93**
Guernsey Bean Jar – Großbritannien **94**
Hopping John – Amerika **91**
Lammfleisch-Kapama mit weißen Bohnen – Griechenland **37**
Le Cassoulet de Castelnaudary – Frankreich **94**
Schalet (Tscholent) – Osteuropa **95**
Schalet mit Knejdlach – Osteuropa **95**
Tscholent siehe Schalet **95**

Ritschert und Verwandtes

Althallstätter Ritschert – prähistorisches Oberösterreich **29**
Bretonische Bohnen – Frankreich **30**
Kärntner Ritschert – Kärnten **29**
Ritschert aus dem Kloster Tegernsee – mittelalterliches Deutschland **29**
Ulmer Haxl – Deutschland **30**

Püree

Besara – Ägypten **35**
Bohnen-Kartoffelpüree – Italien **86**
Bohnenpüree – Grundrezept **23**
Fabam Vitellianam (Saubohnen à la Vitellius) – antikes Italien **39**

Süßspeisen

Babos – Brasilien **98**
BB-Salat **97**
Bohnenreis – Wien **56**
Bohnen-Schoko-Chili-Sauce **98**
Bohnenstrudel – Burgenland, Ungarn **51**
Bohnentorte – Wien **56**
Habas – Südamerika **97**
Montblanc **97**
Ödenburger Bohnentorte – Ungarn **98**

Sonstiges

Bohnen-Blunzngröstl **55**
Bohnenknödel – Wien **54**
Bohnenlaibchen – Wien **54**
Bohnensoße – Grundrezept **24**
Bohnensterz – Niederösterreich, Burgenland **50**
Samerberger Bohnenknödel – Tirol **53**
Tortilla mit Bohnen und Mangold – Spanien **85**

Notizen